Hans Sydow-Dobberphul

Die Silberentwertung und die internationale Krisie der

Landwirtschaft,

der Industrie und des Welthandels

Hans Sydow-Dobberphul

Die Silberentwertung und die internationale Krisie der Landwirtschaft, *der Industrie und des Welthandels*

ISBN/EAN: 9783743466401

Hergestellt in Europa, USA, Kanada, Australien, Japan

Cover: Foto ©ninafisch / pixelio.de

Weitere Bücher finden Sie auf **www.hansebooks.com**

Schriften

des

Deutschen Vereins für internationale Doppelwährung.

Heft 12.

Die Silberentwerthung

und die internationale Krisis der Landwirthschaft, der Industrie und des Welthandels.

Vortrag,

gehalten am 17. November 1885

in der

Generalversammlung aller zum landwirthschaftlichen Centralverein des Regierungsbezirks Frankfurt a. O. gehörigen landwirthschaftlichen Vereine

von

H. von Sydow-Dobberphul.

Berlin 1886.

Walther & Apolant,

Markgrafenstr. 60.

Inhalt.

M. H. Die Währungsfrage beschäftigt sich mit der Frage, ob wir den heutigen Zustand unserer Währung, die sogenannte „Reichswährung" beibehalten und der Entwerthung des Silbers ruhig zusehen, oder ob wir im Verein mit anderen bedeutenden Nationen den Silberwerth durch die vertragsmäßige Doppelwährung wiederherstellen und dadurch das Silber in seine Funktionen als internationales Weltgeld wieder einsetzen.

Die Kernpunkte dieser Frage sind also nicht Gold- und Doppelwährung, sondern Silberentwerthung und Wiedereinsetzung des Silbers in seine Funktionen. Indem man immer Gold- und Doppelwährung betont, ist eine kolossale Confusion in das Thema hineingekommen, man sagt uns: „England hat sich doch bei seiner Goldwährung wohl befunden und Frankreich hat doch die Doppelwährung und in Frankreich sind die Preise ebenso schlecht wie bei uns." Ob sich England bei seiner Goldwährung wirklich immer wohl befunden hat, das ist hier nicht der Ort zu entscheiden, Thatsache ist, daß England die Goldwährung hat seit 1×16—1874, ohne daß eine Silberentwerthnug eintrat. Seit der Entwerthung des weißen Metalls in Folge der deutschen Münzreform herrscht die internationale Krisis in England aber noch schlimmer wie in anderen Ländern.

Was die französische Doppelwährung anbetrifft, so existirt dieselbe nicht mehr, ein Land der reinen Doppelwährung giebt es jetzt überhaupt nicht. Bevor ich näher darauf eingehe, erlaube ich mir, Ihre Aufmerksamkeit zu lenken auf den wichtigsten Vorbegriff der Währungsfrage, ohne welchen ein Verständniß für dieselbe durchaus unmöglich ist, ich meine nämlich den Begriff der „freien Prägung." Die landläufige Meinung bildet sich nämlich

1*

ein, daß der Staat alle Jahre eine bestimmte Summe Edelmetall prägen läßt (auf seine eigene Rechnung), während in Wirklichkeit nur die Münzstätten staatlich sind, die Prägung aber dem freien Verkehr überlassen bleibt. Das heißt: dasjenige Edelmetall, welches im Lande selbst produzirt wird oder der Handel vom Auslande verdient, wird in Barren oder fremden Münzen von der Bank oder der Münze angenommen und Banknoten dafür gegeben. Bei uns für ein Pfund Gold 1395 Mark in Noten, das muß die Reichsbank geben, wenn das Gold präsentirt wird, und deshalb lautet der terminus technicus „freie Prägung“, denn die Menge ist unbeschränkt, die zur Prägung gelassen werden muß. Würde das Gesetz auch bestimmen, daß für 15⅕ Pfund Silber 1395 Mark gezahlt werden und dieses Silber unbeschränkt angenommen werden müsse, so hätten wir die Doppelwährung bei uns.

Da das Silber aber gegen das Verhältniß von 1 : 15½ um ca. 22 pCt. unterwerthet ist, so würde es für die Banquiers ein gutes Geschäft sein, im Auslande Silber zu kaufen, hier zur Prägung zu bringen und Gold für neue Silberverkäufe ins Ausland zu senden, in Wirklichkeit würde zwar der Silberpreis sehr steigen, aber die genannte Arbitrage doch ein so gutes Geschäft machen, das unsere Goldvorräthe sehr verringert würden. Deshalb müssen wir bei Einführung der Doppelwährung die Silberprägung gemeinsam mit den früheren bimetallistischen Ländern freigegeben, wir sprechen also nur von einer vertragsmäßigen, internationalen Doppelwährung. Dieselben, Frankreich an der Spitze, gaben für 1 kg Gold (⁹/₁₀ fein) 3100 Franks und für 1 kg Silber (⁹/₁₀ fein) 200 Franks. Wie wir nun bei unserer Münzreform begannen, Silber zu verkaufen, stellten sie die freie Silberprägung ein, weil sie auch fürchten mußten, daß das deutsche Silber in ihre Münzstätten kommen und ihnen viel Gold entziehen würde. Dadurch wurden dem Silber alle Münzstätten der civilisirten Welt verschlossen, konnte man früher alle Silbersendungen sofort an den Münzstätten gegen landesübliches Geld verwerthen, so war dies seit 1874 nicht mehr der Fall, man konnte das geächtete weiße Metall also nicht mehr als internationales Zahlungsmittel gebrauchen, und zugleich war die Silberproduktion künstlich von den Culturvölkern abgeschlossen. Damit mußte der Consum für Silber schwinden, es mußte im Preise sinken, ebenso wie die Wolle noch billiger werden würde, als sie heute ist, wenn sie durch Gesetz nicht mehr zur Spindel zugelassen würde. In England bestand allerdings schon seit 1816 reine Goldwährung, aber da England stets Silber für Indien gebrauchte, so konnte man auch stets in Silber nach England zahlen, in vielen Jahren war der Silberpreis in London sogar höher notirt, als das Verhältniß von 1 Pfund Gold : 15½ Silber ausmachte; 60⅞ Pence für 1 Unze (31,1 Gramm) Silber entspricht diesem Verhältniß, welches durch die französische Doppelwährung in der ganzen Welt geltend war und nur geringe Abweichungen zuließ, welche den Versendungskosten nach Paris entsprachen. Durch die Entwerthung des weißen Metalls haben wir bei unsern Silberverkäufen große Verluste gehabt, die etwa 72 Millionen Mark betrugen. Deshalb wurden dieselben 1879 eingestellt, und wir haben nun einen Zustand hinkender Doppelwährung, der mit „Reichswährung“ bezeichnet wird.

Beinahe ganz derselbe Zustand herrscht in den alten Ländern der Doppelwährung: Frankreich, Italien, Belgien, Schweiz, Griechenland (dieselben bilden die lateinische Münzunion), Holland, Spanien, Rumänien und den Vereinigten Staaten Nordamerikas, überall existirt Prägefreiheit nur für Gold, ich werde sie daher einfach **Goldländer nennen.** Zugleich circuliren große Mengen von Silbermünzen, die ursprünglich vollwerthig ausgeprägt sind, wie z. B. unsere Thaler, Franks ꝛc., ferner prägen diese Länder jährlich, entsprechend der Bevölkerungszunahme, geringe Quantitäten unterwerthiger Scheidemünzen in Silber aus. Skandinavien, Finnland, Portugal haben nominell reine Goldwährung, weil alle Silbermünzen in Scheidemünzen ausgeprägt sind, aber dieser Vorrath ist relativ nicht geringer, als bei den genannten Ländern der Doppelwährung, auch sie würden voraussichtlich in eine bimetallistische Vereinigung eintreten.

Der Silberpreis hat seit der deutschen Münzreform viele Veränderungen erlebt; die Unze Silber (31,1 Gr.) wird jetzt in London mit 47 Pence bezahlt; es entspricht dies einem Verhältniß zum Golde wie etwa 1 : 20, das Silber ist also etwa 22 pCt. gefallen. Der Begriff der Silberentwerthung besteht in der Entwerthung aller Silbermünzen, der Silbergulden, der früher 2 M. Gold galt, hat jetzt einen Werth von 1,60 M., der Thaler 2,40 M., der Silberfrank, bisher 81 Pf., hat heute einen Werth von 65 Pf., endlich die Münze Indiens, die Rupie, ist von 2 M. auf 1,60 gefallen; dazu schwankt der Werth dieser Münzen in Folge des schwankenden Silberpreises stets hin und her, und sie werden, wie das zu ihrer Herstellung verwandte Edelmetall, in der ganzen Welt mit Mißtrauen angesehen, nur in den Goldländern wird der Werth der Silbermünzen äußerlich durch den Staatscredit aufrecht erhalten.

Nun behauptet die Goldpartei, die Silberentwerthung sei durch eine zu starke Produktion erzeugt, sie fiele zufällig mit der Suspension der Silberentwerthung zusammen, und kein Gesetz könne etwas dagegen thun. Aber dann mußte sich nach den Entdeckungen der californischen und australischen Goldlager auch das Gold entwerthen; die französische Doppelwährung hielt aber den Werth des Goldes aufrecht. Wir theilen nach Soetbeer die Produktionsverhältnisse der Edelmetalle in diesem Jahrhundert mit:

	Gold				Silber	
1801—10	49,6 Mill. Mark,				160,9 Mill. Mark,
1811—20	„ 31,9	„	„	„	97,3	„ „
1821—30	„ 39,6	„	„	„	82,9	„ „
1831—40	„ 56,6	„	„	„	107,3	„ „
1841—50	„ 152,7	„	„	„	140,4	„ „
1851—55	„ 551,1	„	„	„	159,5	„ „
1856—60	„ 574,9	„	„	„	162,9	„ „
1861—65	„ 516,5	„	„	„	198,2	„ „
1866—70	„ 535,4	„	„	„	241,0	„ „
1871—75	„ 476,0	„	„	„	354,5	„ „
1876—80	„ 474,5	„	„	„	450,0	„ „

Diese Zahlen reden eine deutliche Sprache! Wahrhaftig, wäre die Theorie der Goldpartei von der Silberentwerthung richtig, so müßte sich das Gold in den 50er Jahren auf einen Cours von mindestens 1:10 entwerthet haben, d. h. man hätte für 10 Pfd. Silber 1 Pfd. Gold kaufen können.

Bereits der berühmteste Nationalökonom des Alterthums, Aristoteles, sagt in der Politica: „Das Geld ist an und für sich ein Ding ohne Werth, es erhält erst Werth durch das Gesetz und durch die Uebereinkunft der Menschen" und weiter: „eine solche Uebereinkunft könnte das werthvollste Edelmetall zu einem vollkommen werthlosen Ding machen." Ich glaube, daß wenn Aristoteles heute lebte, hätte er die Ursachen der Silberentwerthung schneller erkannt, als unsere Herren Gelehrten und Nationalökonomen, welche erst durch das berühmte Werk des Dr. Arendt, „Die vertragsmäßige Doppelwährung", zu einer besseren Einsicht gelangt sind.

Die Bimetallisten sind also der Ansicht, daß die Silberentwerthung lediglich die Folge der Suspension der

Silberprägung in mehreren Staaten gewesen, und der französische Schriftsteller Schotsmans begleitet diese That= sache in einem seiner Werke mit dem Ausrufe: „Alle Scheu= sale, welche die Hölle seit Jahrtausenden auf die Erde ausgespieen hat, wie Nero, Tiberius, Caligula und Na= poleon, keins von ihnen hat soviel Unheil angerichtet, so= viel Schaden gethan, wie die Einstellung der freien Silber= prägung auf dem Continent!"

M. H., ich stehe auf einem etwas gemäßigterem Standpunkt, aber ich komme Schotsmans sehr nahe. Wir müssen bedenken, was durch die Aechtung des weißen Metalls geschehen ist. Vor 1874 waren in der Welt ca. 34 Milliarden Gold und Silber in Circulation, beides zur Hälfte im Umlaufe, überall und zu jeder Zeit entsprach der Wechsel von Münze und Währung, von Gold zu Silber, einem Verhältniß von annähernd $1 : 15\frac{1}{2}$, und, m. H., dieses Quantum Geld, es war keine Phantasie, keine Abstraktion, sondern eine Realität und eine That= sache, und auf dieser Grundlage basirten alle Geschäfte, alle Credite, und nun mit einem Male wird die Hälfte dieses Quantums entwerthet, es schwankt im Course hin und her und wird in der ganzen Welt mit Mißtrauen an= gesehen. Daß dies von ungünstigem Einfluß auf die Preise, auf den ganzen Verkehr sein muß, ist eine Sache, die sich von selbst versteht, ein Vortrag darüber hat meines Erachtens weniger den Zweck, große Beweise zu führen, als vielmehr die Formen zu schildern, unter welchen sich der Niedergang der Preise vollzieht.

Drei Gesichtspunkte sind dafür maßgebend:

1. Die Vertheurung des Währungsmetalls in den Goldländern,

2. die Valuta=Differenzen zu den Silber= ländern,

3. das hohe Goldagio in den Ländern der unterwerthigen Papiervaluta.

I. Die Vertheurung des Währungsmetalls in den Goldländern.

Es ist ein unbestrittener, von den Vertretern der Volkswirthschaft allgemein anerkannter Lehrsatz, daß das Geld stets den größten Einfluß auf die wirthschaftlichen Verhältnisse ausgeübt hat, beinahe jeder Aufschwung und jede wirthschaftliche Krisis läßt sich mit einer Vermehrung oder Verminderung der Zahlungsmittel in Zusammenhang bringen oder sich direkt davon ableiten.

So berichtet die Geschichte von einem kolossalen Ab=

fluß der Zahlungsmittel nach dem Orient während der Kreuzzüge, daher sehen wir nachher eine langandauernde Krisis in Europa herrschen, schlechte Preise und Schwierigkeit, vorher gemachten Schuldverpflichtungen nachzukommen resp. abzuwälzen Die entgegengesetzte Erscheinung erblicken wir nach der Entdeckung Amerikas. Als die Spanier Anfang des 16. Jahrhunderts nach Mexico und Peru eindrangen, da ergossen sich die Schätze Amerikas über die alte Welt und brachten ein Steigen der Preise hervor, welches ein volles Jahrhundert, ungefähr bis zum 30jährigen Kriege, andauerte. Ich möchte zwei Sprüchwörter aus dem Dunkel der Vergangenheit hervorholen, welche damals gang und gebe waren und heute längst vergessen sind; das eine heißt: „Christoph Columbus hat die Quittungen der europäischen Schulden aus Amerika mitgebracht" und das andere: „Das Geld der neuen Welt hat die alte Welt zu Narren gemacht." Damit bezeichnete man den Unternehmungsgeist resp. Gründungsschwindel, welcher damals geherrscht haben soll. In der That war das Steigen der Preise ein außerordentliches.*) Ein Kapaun, der 1501 mit 4 Sous bezahlt wurde, kostete 1598 .... 15; ein Pfund Lichte kostete 1 Sous i. J. 1.02, 5 i J. 1589 und 7 i. J. 1600.

Die Weizenpreise von 1559—1589 waren im 40jährigen Durchschnitt in Paris, wie folgt:

von 1560—1569 ein Hektoliter		28 gr.	43	Silber	
„ 1570—1579 „	„	73	„	55	„
„ 1580—1589 „	„	79	„	78	„
„ 1620—1629 „	„	124	„	36	„

(1 Frank = 4,5 Gramm Silber fein).

Eine Krisis finden wir 2 Jahrhunderte später in Europa und zwar von England ausgehend. Während der Freiheitskriege herrschte dort der Zwangscours für Papiergeld im Geldumlauf; die Bank von England hatte bereits im vorigen Jahrhundert ihre Baarzahlungen eingestellt, und nach Beendigung der Kriege wünschte man die Valuta wieder herzustellen, d. h. die Unterwerthigkeit (disagio) der Banknoten zu beseitigen, und den Geldumlauf wieder auf Edelmetall zu basiren. Man führte 1816 die reine Goldwährung ein, da hiermit keine Silberentwerthung verbunden, so hätte dieselbe wohl weniger geschadet, da aber damals wenig Gold producirt wurde, so war es schwierig, das gelbe Metall herbeizuschaffen und um die Herstellng der Valuta

---

*) Allard, Die wirthschaftliche Krisis.

zu ermöglichen, mußte man nach und nach dem Banknoten=
umlauf einschränken (contraction of currency) die Folge
war ein Sinken der Preise, wie es in der Geschichte ganz
unerhört ist. Binnen wenigen Jahren waren Produkte,
wie Weizen, Eisen, Wolle etc., um die Hälfte entwerthet,
es herrschte eine Krisis dadurch nicht allein in England,
sondern der ganze Kontinent, dessen Gold nach England
geflossen war, dessen Länder ihrerseits auch den Notenum=
lauf verringert hatten, litt an demselben Uebel. Allen
Fachgenossen, die aus landwirthschaftlichen Familien stam=
men, wird bekannt sein, in wie trauriger Lage sich unsere
Landwirthschaft in den 20er Jahren befunden hat, wie die
damalige Krisis der heutigen glich. Zu gleicher Zeit ent=
stand eine außerordentliche Abnahme in der Produktion der
beiden Edelmetalle. In England kam man übrigens der
Ursache des Uebels sehr bald auf dir Spur, und linderte
die Krisis durch vermehrte Ausgabe von Banknoten.

Den größten Aufschwung der Landwirthschaft und
Industrie in neuerer Zeit haben wir wohl vom Beginn
der 50 Jahre bis 1873 gehabt. Er ist zurückzuführen
auf die Entdeckung der Goldfelder in Californien und
Australien, durch welche die Goldproduktion sofort um das
5fache, und gegen 10 Jahre früher um das 10fache ge=
steegert wurde. Seitdem haben die Gelehrten angefangen,
sich mit der Währungsfrage zu befassen, sie beginnt that=
sächlich mit der Vermehrung der Goldproduktion. Damals
traten die zuerst die Monometallisten auf, welche die Wäh=
rung auf ein Metall basirt zu sehen wünschten, aber nicht
als Anhänger der Gold=, sondern als Anhänger der reinen
Silberwährung. Sie verlangten nichts geringeres, als die
vollständige Demonetisirung des Goldes durch England
und Frankreich, und Einführung der reinen Silberwährung.
Sie behaupteten einerseits werde zu viel Gold producirt,
als daß sich die Rolle des Goldes als Währungsmetall
aufrecht erhalten ließe, es würde eine fürchterliche Stei=
gerung in den Preisen der unentbehrlichen Lebensmittel
herbeiführen, andererseits aber würde Frankreich nicht in
der Lage sein, das Werthverhältniß von 1 : 15½ zwischen
Gold und Silber aufrechtzuerhalten, denn das Gold müsse
im Preise fallen, und das Silber würde Frankreich ent=
zogen werden. Trotzdem blieb das Werthverhältniß der
beiden Edelmetalle ziemlich unverändert, und der etwas
von 1851—1867 höhere Silberpreis (61— 61⅞) in London
als die Parität (60⅞) entspricht den Versendungskosten
von Paris nach London, in England war das Silber

stets gesucht, wegen der günstigen indischen Zahlungsbilanz, und dieses war am billigsten durch Goldsendungen im Lande der Doppelwährung aufzutreiben. Noch 1859 machte Michel Chevalier der französischen Regierung den Vorschlag, die freie Goldprägung zu suspendiren und die Silberwährung einzuführen. Aehnlich agitirte Cobden in England, der sich durch die hohen Preise der Produkte um das Resultat der Aufhebung der Kornzölle, gebracht sah. Nun will ich gerade nicht behaupten, daß die Monometallisten ausgesprochene Feinde der Landwirthschaft und der Produktion sind, aber Mangel an Voraussicht, Unklarheit in ihren Consequenzen, waren stets die Kennzeichen der monometallistischen Partei! In diesem ersten Kampfe zwischen Monometallisten und Bimetallisten, wurden erstere geschlagen, leider nicht endgültig, im Gegentheil die Monometallisten nahmen an Stärke zu, nur wurde aus der Silberpartei eine Goldpartei, als man sah, wie England bei der Goldwährung in den funfziger und sechziger Jahren prosperirte. In engern Kreisen von Gelehrten und Finanzmännern wurde die Währungsfrage häufig discutirt: „C'est une question, qui commence, pas une question qui finit," pflegte der Senator Wolowski, ein hervorragender Bimetallist, zu sagen. 1867 fand in Paris die erste internationale Münzconferenz statt, um über eine einheitliche Währung und eine Weltmünze zu berathen. da sie sich für die Verallgemeinerung der Goldwährung entschied, so versammelte sich in Paris eine private Conferenz hervorragender Männer, um über die Währungsfrage zu discutiren. Sie kamen zu dem Resultat, daß wenn noch einer der größern Staaten die Goldwährung einführte und das Silber ausschlösse, sei der Werth des weißen Metalls nicht aufrecht zu erhalten, es müßte entwerthet werden, und dies würde eine große wirthschaftliche Krisis herbeiführen. Die Hauptpersonen dieser Conferenz waren der Senator Wolowski und der englische Bankier Seyd; dieselben sagten in deutlichen Sätzen die Wirkungen der Silberentwerthung voraus:

1. Der internationale Handel der Welt würde sofort abnehmen, zum besonderen Schaden aller Länder, deren internationaler Verkehr bedeutend sei.

2. Der Unternehmungsgeist, der sich in dem Bau von Eisenbahnen und ähnlichen nützlichen Anlagen kundgiebt, würde verschwinden und der allgemeine Fortschritt würde leiden.

3. Der Rückgang der Preise würde die Länder zwingen,

mehr und mehr von den Prinzipien des Freihandels zu dem Schutzoll überzugehen.

4. Die Nationen würden sich in zwei Hauptgruppen scheiden, in solche mit Gold= und solche mit Silber= währung, und das würde den Verkehr unter einander gefährlich machen.

5. Ueber die ganze Welt würde ein Sinken aller Preise eintreten, zum Schaden aller Besitzenden und aller Arbeiter, und nur vortheilhaft und zwar unrechtmäßiger Weise für Besitzer von Staatsobligationen und ähnlichen Schuldverschreibungen.

6. Wenn die wirthschaftliche Krisis einträte, würde folgende Schwierigkeit entstehen; Man würde die Ursache der Kalamität nach allen Strichen der Windrose suchen, man würde alle Arten von Gründen vorbringen, und die wahre Ursache, die Demonetisirung des Silbers, übersehen, bis das allgemeine Elend denkende Männer zwingen würde, in diesem Umstande die wahre Ursache der internationalen Krisis zu erkennen.

Daß diese Prophezeiungen eingetroffen sind, ist bekannt, und es braucht hier nicht in Zahlen dargelegt zu werden, namentlich die letzte Prophezeiung hat sich merkwürdig er= füllt, noch heute findet man Landwirthe, die die Wichtigkeit der Währungsfrage nicht anerkennen, und durch Dick und Dünn mit der Goldpartei gehen *)

Ich habe mich bemüht, in vorhergehendem nachzu= weisen, daß die Preise hauptsächlich abhängig sind von der Menge der Zahlungsmittel, ich hatte ferner gesagt, daß

1. die Silberproduktion uns nicht mehr zu Gute kommt,

2. das Silber weder in Münzen noch Barren als internationales Zahlungsmittel funktioniren kann, weil es nirgends mehr in Europa zur Prägung zugelassen wird, nur in dem fernen Ostasien funktionirt das Silber als internationales Zahlungsmittel und außerdem muß die Bank von Oesterreich Silber gegen ihre Noten nehmen.

Diese beiden Faktoren müssen also durch Verringerung der Zahlungsmittel ein Sinken der Preise mit sich führen. Allerdings wird die vorher entwickelte Theorie, die so= genannte „Quantitätstheorie", von der Goldpartei lebhaft bekämpft, aber es macht einen merkwürdigen Eindruck, wenn in den Artikeln der Goldpresse zuerst ausgeführt

---

*) Vgl. Frh. von Mirbach=Sorquitten und die Währungsfrage Ein Mahnwort an Deutschlands Landwirthe von C. Wilbrandt zu Pisede, Landwirth und deutschfreisinniger Reichstagsabgeordneter.

wird, die Goldwährung habe die Preise nicht geschädigt, aber das Einströmen des Silbers würde die Preise in die Höhe treiben, und nur dem verschuldeten Grundbesitzer von Vortheil sein. Im ersten Theil wird also die Quantitätstheorie für falsch erklärt, der zweite Theil dieser Artikel steht schon wieder auf dem Boden dieser Theorie. Uebrigens bin ich nicht dafür, dieselbe streng mathematisch aufzufassen, die Erfahrung zeigt, daß die Preise langsam steigen bei einer Vermehrung der Zahlungsmittel, daß sie schnell sinken bei einer Verringerung derselben. Letzteres kommt daher, daß jede Verringerung der Zahlungsmittel Krediterschwerungen und Bankerotte erzeugt, es finden Schleuderverkäufe statt und nach den dabei erzielten Preisen richten sich dann die Preise derjenigen Waaren, welche sich noch in anderen Händen befinden

Auch steht die Theorie, welche der Geldmenge einen so bedeutenden Einfluß auf die Preise einräumt, keineswegs in Widerspruch mit der landläufigen Idee von Angebot und Nachfrage, denn eine Nachfrage nach Produkten kann nur entstehen, wenn das nöthige Geld zum Bezahlen vorhanden ist, und das Angebot ist sehr häufig des Ausdruck des Geldmangels.

Der Zustand der Landwirthschaft konnte in den ersten Jahren nach der Silberentwerthung im Vergleich zu heute erträglich genannt werden. Seit einigen Jahren hat sich aber die Lage der gesammten Produktion bei uns und in anderen Ländern ganz bedenklich verschlimmert und zwar durch den sogenannten „Kampf ums Gold". Es ist dies eine Erscheinung und ein Ereigniß, welches nebst seinen Folgen, der internationalen Krisis, von den Bimetallisten schon Ende der 70er Jahre prophezeit wurde. Wir sehen nämlich, wie einige Länder bemüht sind, Gold an sich zu ziehen, um ihre Valuta herzustellen, oder um in Gold kontrahirte Schulden zu bezahlen, andere, wie Rußland, Zölle in Gold erheben, wieder andere, die Gold produziren, wie die Vereinigten Staaten und Australien, dieses bei sich behalten und uns statt wie früher, mit Gold, jetzt mit landwirthschaftlichen Produkten überschwemmen, eine vierte Gruppe endlich, die schon Gold besitzt, sucht sich durch Diskonterhöhungen gegen Goldentnahmen zu schützen. So entzog die italienische Goldanleihe in den Jahren 1842—83 den europäischen Ländern 273 Millionen Frcs., ohne daß es aber möglich gewesen ist, den Papierumlauf Italiens durch Edelmetall zu ersetzen, die Herstellung der Valuta ist also nur zur Hälfte geglückt, sie steht augenblicklich auf pari, ist aber ein Kartenhaus, welches beim ersten Kanonenschuß wieder zusammenbricht.

„Der Kampf um's Gold" hat denn auch bemerkens=werthe Erscheinungen hervorgebracht. Das Zerren an der zu „kurzen Decke" ist im heftigsten Gange. Bekannt=lich hat unser Reichskanzler wie in so vielen Dingen, auch in der Währungsfrage das Glück, die ganze Frage auf's treffendste zu zeichnen. Er nannte den Goldvorrath der Welt, um den jetzt alle streiten, die Decke, die zu kurz ist, allen zu dienen, an der aber alle zerren, und weil sie alle wollen, hat keiner den ruhigen Genuß.

Praktisch vollzieht sich der Kampf um's Gold durch Erhöhung des Disconts, des Zinssatzes der Banken. Während in normalen Zeiten die Sätze des Disconts steigen, wenn flottes Geschäft viel Geld gebraucht, er=höhter Discont also unter Umständen ein Zeichen der Blüthe des Handels sein kann, so ist heute die Dis=conterhöhung eine dringend gebotene Waffe im Kampf um's Gold.

Am schlimmsten äußert sich der „Kampf um's Gold" beim größten Geldinstitut der Welt, der Bank von Eng=land. Hier wüthet Goldwährung und ein total verfehltes Bankgesetz, die Peel'schen Bankakte im Verein mit dem Freihandel, während alle anderen Länder sich durch Zölle gegen die englische Ueberfluthung mit industriellen Pro=dukten schützen. Es ist eine Thatsache, daß der englische Goldumlauf sich seit 1871 um 30 pCt. pro Kopf der Bevölkerung vermindert hat, und dies giebt gewiß die deutlichste Erklärung für die Schwierigkeiten, unter welchen der englische Geldmarkt zu leiden hat. Wird ein Quantum Gold der Bank von England entnommen, so erhöht man den Discont auf Kosten des gesammten Verkehrs, und die natürliche Folge ist, daß der solide vorsichtige Unter=nehmer kopfscheu wird und sich schleunigst von etwaigen Plänen zurückzieht, die Geld kosten können.

Interessant sind Berechnungen der Dortmunder Handels=kammer über die Verluste durch Disconterhöhungen. Der Discontsatz der deutschen Reichsbank betrug im Durch=schnitt der drei Jahre 1878, 1879, 1880: 4,17 pCt., das sind 1,67 pCt. mehr wie in Frankreich in derselben Zeit. Der Jahresbericht der genannten Handelskammer berechnet hieraus die gewaltige Summe von 1169 Millionen Mark, welche Handel und Wandel in Deutschland in jedem dieser drei Jahre mehr gekostet hat, als in Frankreich. Die kurze

Disconterhöhung auf 6 pCt. vom 30. Januar bis 22. Februar 1882 in London schätzt man in den der Bank nahestehenden Kreisen auf einen Verlust von einer Milliarde Mark für England.

Vor einem Jahr war der Discont Monate lang auf 5 pCt. erhöht, ein Verlust von mehreren Milliarden Mark für Englands Handel und Verkehr.

Seit einiger Zeit haben diese Erscheinungen etwas nachgelassen, und was ist natürlicher als dieses? Die fortdauernde Krisis, die kein Ende nehmen will, hat einen solchen Pessimismus hervorgebracht, daß jeder Unternehmungsgeist gestört ist, Jeder sucht sich einzuschränken, nicht allein in seinem Bedarf, sondern auch in seiner Produktion, ein Palliativmittel für den Augenblick, welches aber die Ansprüche an den Geldmarkt verringert. Wo finden wir die Krisis überhaupt nicht? Sie existirt in der Landwirthschaft der gemäßigten Zone, in der tropischen Agrikultur, in der Textilindustrie wie in der Eisenindustrie, wie in den verschiedenen Branchen des Handels, unzählige große und kleine Existenzen hat sie vernichtet „und auf den Trümmern der arbeitenden Welt, da erhebt sich frohlockend die Börsenwelt." Die Goldpartei, welche zum Theil die Klagen der Bimetallisten anerkennt, meint nun, es werde aus der Goldwährung das Gleichgewicht auf einer neuen Basis hergestellt, ich glaube jedoch, daß die Welt nie stille steht, daß sie entweder rückwärts oder vorwärts geht. Wie kann jemals in dem Prozeß der Geldvertheuerung ein Stillstand eintreten, so lange die Hauptursache: die Verringerung der Zahlungsmittel, wirksam bleibt? Nicht allein das stetige Weichen des Silberwerths, eine natürliche Folge der Goldvertheuerung, wird für den Rückgang der Preise sorgen, sondern auch noch zwei andere Ursachen, welche dazu beitragen werden, den „Kampf um's Gold" zu verschärfen. Es ist dies der kolossale Consum der Goldindustrie, welche jetzt jährlich 230 Millionen Mark an Gold gebraucht und die rapide Abnahme der Goldproduktion. Letztere ist bereits vor Jahren in dem berühmten Werk von Süß „Die Zukunft des Goldes" vorhergesagt worden. Gegen 1853 ist die Goldproduktion um die Hälfte zurückgegangen, sie beträgt jetzt circa 330 Millionen Mark, ein weiterer Rückgang ist zu erwarten und damit eine Verschärfung der wirthschaftlichen Verhältni weitelche bei der Apathie der Regierungen allein dazu ragbff'een kann, die Währungsfrage zu lösen. Eine

draftische Illustration erhält der Goldmangel in dem Zu=
stande unserer meisten europäischen Münzstätten.

Die größten derselben, Paris und London obenan,
feiern sozusagen gänzlich. In Paris zumal tritt dieser
klägliche Zustand in seiner ganzen Schärfe zu Tage. Es
macht einen wahrhaft traurigen Eindruck, diese Riesen=
räume, ausgestattet mit den besten und auf die jüngsten
Erfindungen basirten Maschinen, zu durchwandern und
alles in Todtenstille zu finden. Zweiundzwanzig Münz=
pressen, sämmtlich von Dampf betrieben, warten dort auf
Arbeit. Sie können jede mindestens 45 Stück in der
Minute prägen, d. h. also 2700 Stück per Stunde und
27000 per Tag, mit anderen Worten, bei voller Thätig=
keit, wie sie nicht einmal sondern sozusagen regelmäßig an
dieser Stätte früher beobachtet, würde die Pariser Münze
beinahe 12 Millionen Francs täglich an Geld liefern
können. Jetzt ist sie zufrieden, wenn das kleine Monaco
ihr eine Ordre auf eine Bagatelle Hundertfrancsstücke, die
wahrlich nicht der Münzcirculation zu Gute kommen, giebt
oder Marokko seine Scheidemünzen oder etwas grobes
Silbergeld dort prägen läßt. Für den eigentlichen Bedarf
Frankreichs hat die Münze seit sechs, wir sagen sechs
Jahren, kein Goldstück ausgemünzt, von der Prägung von
Silber kann ja nunmehr seit zehn Jahren überhaupt keine
Rede sein, da die Emittirung von Scheidemünzen behufs
Complettirung der dem Lande zugemessenen 240 Mill.
natürlich nicht zählt.

In London sieht die Sache nicht besser aus; seit vier
Jahren wird auch dort kein Gold mehr geprägt und die
Bagatellen, welche von 1877 bis 1880 zur Ausmünzung
gelangt sind, zählen ebenfalls kaum.*)

Auch bei uns in Deutschland sind in den letzten
Jahren nur minimale Summen Goldes geprägt worden,
die wir den russischen bei uns placirten Schulden zu ver=
danken haben. Mit Bezng auf die Stagnation in den
Münzstätten geben wir unserem Gegner Michel Chevalier
Recht, wenn er sagt: „Stillstand in den Münz=
stätten ist gleichbedeutend mit dem Sinken der
Preise.“

M. H. Wir haben uns bisher mit der reinen Gold=
vertheuerung oder der vermehrten Kaufkraft des Goldes be=
faßt, da dies der bei weitem wichtigste Faktor in der
Preisbewegung ist, so möchte ich an dieser Stelle auf die

---

*) Ottomar Haupt, Währungspolitik und Münzstatistik.

Haupteinwände der Goldpartei näher eingehen. Sie behauptet nämlich, es sei für den Verkehr immer genug Gold vorhanden gewesen, auch spiele die Spekulation in der Preisbewegung eine größere Rolle, als die Menge der Zahlungsmittel, und der Verkehr beruhe in neuerer Zeit weniger auf dem Edelmetall, als vielmehr dem papiernen Zahlungsmittel, dem Wechsel überhaupt dem Geldsurrogat.

Alle diese Einwände sind nichts weiter als Verwechslung von Ursach und Wirkung. Für den innern Verkehr ist allerdings Geld genug vorhanden gewesen; und dies ist wohl jedem sehr einleuchtend, der weiß welchen Einfluß das Geld auf die Preise ausübt, für die niedrigen Preise der Landwirthschaft und Industrie, die erst durch die Verringerung der Geldcirculation entstehen, ist natürlich genug Geld vorhanden. Wenn z. B. die Silberentwerthung noch lange andauern sollte, so muß sich die Circulation weiter verringern, die Preise werden wieder sinken, und wieder haben wir genug Gold. Was nun den auswärtigen Verkehr anbetrifft, so ist schon durch die fortwährenden Disconterhöhungen und Veränderungen constatirt, daß allerdings ein Goldmangel vorliegt, welcher sich auch in dem Sinne in niedrigen Preisen äußert, daß ein Aufsteigen der Preise nicht möglich ist, solange das Silber seiner Funktionen als internationales Weltgeld beraubt ist. Auch die Spekulation kann in dieser Richtung sehr wenig thun, sie ist überhaupt nicht allein die treibende Ursache der Preise, sondern die Wirkung verschiedener Faktoren, vor allem aber der zur Disposition stehenden Mittel. Endlich kann auch das Geld-Surrogat das baare Geld nicht ersetzen, das Surrogat bringt überhaupt kein Geld hervor, sondern das Edelmetall, das Geld, das bringt das Surrogat hervor, und wie viel mehr Surrogate wären wohl im Umlauf, wenn das Silber als internationales Zahlungsmittel neben dem Golde funktioniren könnte? Und weshalb fürchtet sich die Goldpartei vor dem Einströmen des Silbers so, wenn das Edelmetall keine Bedeutung mehr hat, und wenn der ganze Verkehr auf dem Geldsurrogat beruht, was thut dann das Silber für Schaden? Man hat auch auf das Londoner Check- und Clearinghouse-System hingewiesen, welches ein wohlausgebildetes Umschreibesystem im Verkehr darstellt, bei dem nur wenig baares Geld gebraucht wird, das Fortbestehen dieses zeige, daß Geldmangel nicht vorhanden sei. Aber auch dieser Einwand übersieht, daß bei niedrigen Preisen eben weit geringere Ansprüche an Geld gemacht werden, thatsächlich weist der Umsatz des

Londoner Clearinghause seit 12 Jahren keinen Fortschritt auf in Geld ausgedrückt, aber die Menge der gehandelten Produkte ist bedeutend größer. —

Von einigen Seiten wird gesagt, der Bimetallismus bringt ein Steigen der Preise hervor, aber er führe nicht zur Geldentwerthung. Ich behaupte gerade, daß die Restitution des Silbers zur Entwerthung des Geldes führt, und wir Producenten können dies verlangen, weil es uns durch die Gewährung vertheuert ist. „Aber das Geld ist doch nicht theurer geworden," sagt uns die Goldpartei und verwechselt dabei Geld mit Capital. Der berühmte Theoretiker der Goldpartei, Professor Soetbeer (früher ein eifriger Anhänger der Quantitätstheorie), betonte schon vor 30 Jahren in seinen Zusätzen zu Mills politischer Oekonomie, daß das was verliehen werde und wofür Zinsen vergütet werden, nicht Geld, sondern Capital sei, daß der Zinsfuß bestimmt werde durch das Verhältniß des zum Ausleihen angebotenen zu dem begehrten Capital, und daß es stets der Ueberfluß an disponiblen Capital, niemals der Ueberfluß an baarem Geld sei, was die Ursache eines niedrigen Zinsfußes bilde. In schlechten Zeiten zieht sich das Capital von Unternehmungen zurück und wird sehr häufig billiger ausgeliehen, als bei einem wirthschaftlichen Aufschwung. Eng verknüpft mit dem genannten Einwand der Goldpartei ist die Behauptung, die Goldwährung habe uns einen billigen Zinsfuß bescheert, und das sei ein Vortheil für den Landwirth.

Timeo danaos et dona ferentes! Ich danke für dieses Geschenk, wenn es nur durch den Ruin unserer Production geschehen kann. Das kommt mir vor, wie die Lockspeise des billigen Brods für den arbeitslosen Proletarier! Mag sein, daß durch einem wirthschaftlichen Aufschwung die Pfandbriefe etwas fallen, weil sich das Capital auf industrielle Papiere wirft, was schadet denn diese kleine Differenz im Zinsfuß gegenüber der allgemeinen wirthschaftlichen Besserung? Ich glaube auch, daß wir gerade durch den Bimetallismus und allein mit seiner Hilfe zu einer endgültigen Regelung der landwirthschaftlichen Creditfrage gelangen. Wie kann man überhaupt von billigem Gelde sprechen, wenn Vorschußkassen in den Städten gegen Schuldverschreibungen mit 2 Unterschriften, 6 pCt. Zinsen berechnen? Zwei conservative Vertreter der Goldpartei, Herr Professor Geffken*) und die Schlesische Zeitung drohen mit

---

*) Deutsche Rundschau. Heft 1 S. 75. Dem Herrn Verfasser scheint der Unterschied zwischen Geld und Kapital auch nicht klar zu sein, ebenso wenig zwischen engros und detail preisen.

2

einer Massenkündigung der Hypotheken und andere Schuld=
verpflichtungen, wenn die Doppelwährung eingeführt wird,
weil der Schuldner immer in dem billigeren Metall zahlen
würde. Dabei wird zunächst übersehen, daß Schuldner
und Gläubiger in den wenigsten Fällen nach Silber oder
Gold fragen; sondern ihre Differenzen meistens in Bank=
noten begleichen. Und die Stellung der Hypotheken ist
jedenfalls eine gesichertere bei hohen, als bei niedrigen
Preisen, ich fürchte zu einer Massenkündigung der Hypo=
theken wird es kommen; wenn wir noch lange die Gold=
währung beibehalten, denn die Preise müssen in nächster
Zeit rapide sinken und die zur Bezahlung der Hypotheken=
zinsen nothwendigen Mittel werden immer schwieriger auf=
zutreiben sein.

M. H. wir sind bisher bei dem ersten, dem bei weitem
wichtigsten Theile der Währungsfrage, der Vertheuerung
des Währungsmetalls in den Goldländern, stehen geblieben,
wir wenden uns zur Betrachtung des zweiten Gesichtspunkts:

II) Die Valuta=Differenzen zu den Silber=
ländern oder die veränderte Position, welche die
Länder der Silberwährung heute zu den Ländern
der Gold= und Doppelwährung einnehmen. In
meinem Ausführungen hatte ich nachgewiesen, daß auch in
den Ländern, die gesetzlich Doppelwährung haben, Gold
das einzige Zahlungsmittel für den internationalen Verkehr
bildet; bei ihnen existirt nur die Prägefreiheit für Gold,
seitdem man die freie Silberprägung nicht mehr ge=
stattet. Geben auch diese Länder Banknoten auf Silber
aus, so nehmen sie doch gegenüber den Silberwährungs=
ländern dieselbe Stellung ein, wie das reine Goldwährungs=
land England, sie sind also Länder der Goldrechnung oder Gold=
länder nach außen. Geschah früher im internationalen
Verkehr der Wechsel zwischen Münze und Währung von einem
Silberland zu England in dem festen Verhältniß von
1 : 15½, so ist seit der Silberentwerthung dieser Cours
nicht nur gestört, sondern auch fortdauernden Schwankungen
unterworfen. Am besten sind diese Schwankungen durch
die Veränderungen der österreichischen Silbercoupons in
deutschen Händen illustrirt. Bald wird der Cours auf 166,
bald auf 170 oder auf 175 festgesetzt, das heißt 100 Silber=
gulden haben einen Werth von 166 oder 170 oder 175
Mark Gold. Welche Störungen diese Schwankungen dem
Handel erzeugen, ist leicht einzusehen; hier kommt es uns
darauf an, die schädliche Wirkung der Entwerthung der

Silbervaluten auf die Preise der landwirthschaftlichen Pro= dukte zu constatiren und mit einigen Zahlen zu belegen. Länder der Gold= und Doppelwährung, also Länder der Goldrechnung, sind hauptsächlich England, Nordamerika, Deutschland, Frankreich, Italien, Spanien, Rämänien, Holland und Belgien; Länder der reinen Silberwährung Rußland — dasselbe hat für den Augenblick unterwerthige Papiervaluta, wir kommen später darauf zurück — Oesterreich, die Tro= penländer, vor allen Dingen aber Indien und China. Mit Ausnahme Nordamerikas und Australiens sind es Länder der Silberwährung, von denen die agrarische Concurrenz gegen die Goldländer ausge pielt wird. Die Werthverminderung der Silbermünzen bewirkt, daß jenen Ländern in theurem Metall gezahlt wird, sie selbst mit einem entwertheten Metall produciren, also geringere Produktionskosten haben. Würde man bei einem Guldenwerth von 2 Mark für 1000 Fl. in Oesterreich Getreide kaufen, so gehörten dazu 2600 Mark; heute erhält Oesterreich für 1000 Fl. nur 1600 Mark, wenn wir annehmen, daß der Silbergulden 1 Mark 60 Pf. werth ist, was vom jeweiligen Silberpreis abhängig ist. Gesetzt nun der Fall, der Importeur aus Oesterreich erhielte bei einer schlechten Ernte Deutschlands einen höhern Preis als 1600 Mark, vielleicht volle 2000 Mark, so würde dies bei dem Wechsel in Münze und Währung 1250 Gulden ergeben, wobei der öster= reichische Landwirth also eine directe Export=Prämie von etwa 25 pCt. verdient, da der Gulden seinen Zahlungs= werth in Oesterreich behält.

Ebenso liegt das Verhältniß der Goldländer zu Indien, da der Werth der indischen Silberrupie dem Silbergulden ungefähr gleichkommt. Bei allen diesen Ländern der minder= werthigen Silbervaluta hat die Entwerthung ihres Währungsmetalls den Export außerordentlich gefördert, und zwar zu Preisen, welche, in Gold gerechnet, außer= ordentlich niedrig sind.

Nach der entgegengesetzten Richtung ist sie nicht weniger verhängnißvoll gewesen, mit den entwertheten Silbermünzen können die betreffenden Länder von den Goldländern nicht mehr kaufen; entweder sie müssen heute 20—22 pCt. mehr zahlen, damit der alte Preis in England oder Deutschland verdient wird, oder wollten sie in ihrer Münze und Währung den alten Preis erlegen, so ergiebt dies im Goldlande einen niedrigeren Preis. Z. B. Es sollen für 100 Rupien Baumwollwaaren in England gekauft werden, so erhielt der englische Fabrikant etwa 10 Lstr., heute

2*

erhält er etwa 8 Lſtr.; wollte er den alten Preis erhalten, ſo müßte der indiſche Importeur 125 Rupien anlegen. Die Silberentwerthung wirkt hier alſo wie ein Schutz= zoll gegen den Import von Produkten aus den Gold= ländern.

Das Unglück für England iſt, daß ſein Handel zu beinahe dreiviertel auf dem Export nach Silberländern baſirt, und die Störung des Courſes zwiſchen dem Gold gebrauchenden England und den Silberländern iſt es, welche England zermalmt.

Wenn wir nun auch nicht behaupten wollen, daß unſere Preiſe um die vollen Valuta=Differenzen Rußlands, Oeſterreichs und Indiens gedrückt werden, ſo iſt doch das Reſultat unſerer Betrachtungen folgendes: Die Gold= rechnung Deutſchlands, Englands, Frankreichs u. ſ. w. begünſtigt die Einfuhr der Produkte von den Ländern der Silberwährung, ſie ſchädigt die Ausfuhr der Manufakturen nach denſelben.

Naturgemäß zwingt dieſes Verhältniß die Gold= länder zu immer höheren Zöllen, und wir ſehen hierdurch die dritte Prophezeiung der Herren Seyd und Wolowsky begründet.

Die Erfüllung derſelben ſehen wir im Zolltarif Oeſterreichs 1878, im deutſchen 1879 und in der Er= höhung der franzöſiſchen Zölle auf Getreide, Vieh und Spiritus. Letztere haben der deutſchen Landwirthſchaft immenſen Schaden gethan, namentlich der Spiritusinduſtrie; that= ſächlich iſt der Export dieſes wichtigen Artikels nach Frank= reich ſeit dem Jahre 1881 auf ein Minimum herabgedrückt. Viele deutſche Landwirthe ſind aus Freunden deutſcher Zollpolitik Gegner derſelben geworden, weil ſie behaupten, der Getreidezoll habe der Landwirthſchaft nicht geholfen, die franzöſiſchen Spritzölle hätten uns dreifachen Schaden gethan und ſie ſeien die Folge der deutſchen Zollpolitik. Wir können dieſer Anſicht nicht beipflichten. „Schutz der nationalen Arbeit gegen niedrige Preiſe,“ das war die Deviſe, unter welcher die franzöſiſchen Zölle in die Kammer gebracht wurden, alſo ganz derſelbe Beweggrund, wie bei uns; und keine Retorſionspolitik war es, welche Frankreich zu dieſen Maßnahmen bewog.

Außerdem haben jetzt alle Länder ein Intereſſe an hohen Schutzzöllen, um durch Verringerung der Einfuhr ihre geſchwächten Goldbeſtände zu ſchützen.

Gegen dieſe Ausführungen erhebt die Goldpartei den

Einwand, daß diese Valutadifferenzen unsere Preise nicht schädigen können, weil bei einer minderwerthigen Valuta immer ein Ausgleich in dem Sinne eintrete, daß der Produzent auch alles theurer bezahlen müsse, er habe keinen Vortheil davon, und außerdem werde in diesen Ländern auch über schlechte Preise geklagt. Die Goldpartei über= sieht, daß bei jedem Produzenten die Hauptausgaben die festen Schuldverpflichtungen und die Tagelöhne sind, und diese werden durch die Entwerthung der Valuta nicht berührt,*) die Produzenten kommen also zu einem günstigen Verhältniß ihrer Einnahmen, zu ihren Schuldverpflichtungen und festen Ausgaben, sie produzieren billig, und wer billig produzirt, der konkurrirt auch billig.

Daß aber die Preise auch in diesen Ländern schlechte sind, wer wollte das bestreiten, und was wäre natürlicher als dieses? Die Silberländer exportiren eben nach den Goldländern, ihre Preise haben sich auch nach diesen zu richten, denn die Goldländer beherrschen mit ihrem Handel die Welt, sie geben den Ton an, und die „Decke" ist also für die ganze Welt zu kurz geworden.

Wir entnehmen z. B. Sötbeer**) folgende Tabelle, welche das Sinken der Weizenpreise in Indien darstellt:

Jahre	Preis in Kalkutta pro 1 Quarter = 480 Pfd. Weizen		
1879	20 Rs.	6 A.	4 P.
1880	16 „	15 „	3 „
1881	15 „	9 „	10 „
1882	16 „	8 „	5 „
1883	16 „	2 „	7 „
1884	15 „		

Bei andern Produkten ist ein ähnliches Sinken der Preise nachgewiesen, welches im Allgemeinen daherrührt, daß der hohe Werth des Goldes die Ursache der niedrigen Preise in den Goldländern ist, welche ihrerseits die Preise in den Silberländern drücken, und dies bildet wiederum die Ursache der vermehrten Kaufkraft der Silbermünzen.

Interessant ist die Behauptung R. H. Pattersons in „The Science of finance" 1879, die Kaufkraft des Goldes sei um 24 pCt., die des Silbers um 11 pCt. gestiegen. Uebrigens wird die Stellung des Produzenten in den Silberländern doch dadurch erleichtert, daß die Silber= entwerthung fortschreitet, und dadurch die Silbervaluten

*) Vgl. die Silberentwerthung und die Arbeitslöhne von einem Rheinischen Industriellen. Berlin. Walther und Apolanth.
**) Sötbeer, Materialien zur Beurtheilung der Edelmetallverhältnisse und der Währungsfrage. Berlin. Puttkamer und Mühlbrecht.

auch sich weiter entwerthen, und der Export aus diesen Ländern fortdauernd erleichtert wird, nicht ohne uns desto größeren Schaden zuzufügen, wie wir nun an den verschiedenen Gruppen nachweisen werden.

Im Allgemeinen sind also in den Ländern der minderwerthigen Valuta die Preise nicht so gesunken, wie in den Goldländern, sie werden auch unter der Herrschaft der beiden Metalle nicht so steigen.

a. Das Verhältniß der Goldländer zu Oesterreich.

In Oesterreich ist die Münze geschlossen für die Silberprägung, die Bank muß Silber für ihre Noten gegen ¼ pCt. Provision nehmen. Die Valuta ist eigentlich Papiervaluta, welche jedoch seit der Silberentwerthung mit dem Silberwerth auf pari steht, d. h. der Papiergulden hat den gleichen Werth wie der Silbergulden. Die Einführung der Goldwährung in Deutschland hat also die Valutadifferenz direkt nicht ungünstiger gestaltet, jedoch durch unser Festhalten an der Goldwährung ist in den letzten Jahren das Goldagio in Oesterreich gestiegen, weil der Werth des Goldes in der ganzen Welt gestiegen ist, wie ich vorher ausgeführt habe. Dadurch ist die Stellung der Goldländer bedeutend ungünstiger geworden, wie aus folgenden Zahlen erhellt, welche den Cours des Guldens in Markwährung angeben. Derselbe betrug:

am 1. Juli 1873 = 180,50
„ „ „ 1874 = 179,50
„ „ „ 1875 = 182,60
„ „ „ 1876 = 161,90
„ „ „ 1877 = 162,15
„ „ „ 1878 = 173,65
„ „ „ 1879 = 175,15
„ „ „ 1880 = 173,15
„ „ „ 1881 = 174,80
„ „ „ 1882 = 169,60
„ „ „ 1883 = 170,70
„ „ „ 1884 = 167,50
„ 28. Mai 1885 = 163,55
„ 1. Jan. 1886 = 161.

In den letzten 6 Jahren ist also der Cours kontinuirlich gefallen und gegenwärtig ist er so niedrig, daß beispielsweise bei dem Einkauf von Hafer an der böhmischen Grenze, welcher nach Berlin transportirt und dort wieder verkauft wird, sich die Selbstkosten des Importeurs inkl. Eingangszoll und Fracht bis Berlin niedriger stellen, als der Einkaufspreis betragen haben würde, wenn der Gulden seinen vollen Werth hätte. Es liegt auf der Hand, daß der Importeur hierbei einen sehr bedeutenden Gewinn erzielt und daß der deutschen Landwirthschaft hieraus eine gewaltige Konkurrenz erwächst, welche selbst durch die bestehenden Eingangszölle nicht beseitigt werden kann, da die Wirkung der letzteren durch die Valutadifferenz paralysirt wird.

Der Gewinn des Importeurs befähigt denselben, billiger zu verkaufen und dadurch den Preis herabzudrücken. Er begnügt sich schließlich mit geringerem Verdienst, wenn er nur den Umsatz vergrößert, dadurch wächst aber der Import, und die Preise werden in Folge dessen immer weiter heruntergedrückt.

Hafer kostet an der böhmischen Grenze 70 Fl. je 1000 Kg., das sind also bei normalen Währungsverhältnissen (1 Fl. = 2 M.) = 140 M.; jedoch gelten vermöge des geringen Coursstandes des österreichischen Geldes die obigen 70 Fl. in Deutschland statt 140 Mark nur

112,10 Mark,

dazu Bahnfracht von der Grenze bis Berlin

für 1000 Kg. . . . . 12,10 „

Eingangszoll . . . . 10,00 „

macht für 1000 Kg. Hafer bis Berlin . . 134,20 Mark, das ist weniger, als der Importeur bei normalem Währungsverhältniß an der Grenze zahlen müßte. Man sieht, wie die Silberentwerthung unseren Getreidezoll aufhebt, er ist nur ein Palliativmittel für kurze Zeit. Denn je schärfer der Kampf um's Gold entbrennt, desto mehr muß das Silber sinken; und erhöhte Zölle werden uns so wenig gegen die Wirkung der Silberentwerthung schützen, wie schwache Deiche an den Küsten das Land gegen eine Sturmfluth schützen können.

Ganz ebenso liegen die Verhältnisse in Bezug auf den Import der böhmischen Braunkohlen. Die Tonne Stückkohlen kostet in Mariaschein loco Zeche etwa 2 Fl., das sind bei einem Cours des Guldens von 164=3,28 M., während bei vollwerthiger Valuta 4 M. gezahlt werden müßten. Die Differenz von 72 Pf. pro Tonne oder 3,6 Pf. pro Centner kommt aber nicht etwa den Consumenten zu Gute, sondern in den weitaus meisten Fällen den Zwischenhändlern, welche den Export nach Deutschland vermitteln und hier natürlich den Gulden zu seinem vollen Nennwerth anrechnen. Den Gruben kommt diese Differenz nur insoweit zu Gute, als sie direkt exportiren.

Die deutschen Probuzenten würden allerdings nicht unmittelbar Schaden erleiden, wenn die Zwischenhändler die Valutadifferenz in die Taschen steckten. Aber die Con= currenz zwingt dieselben, sich mit dem üblichen Handels= Gewinn zu begnügen und billiger zu verkaufen, wodurch die Valutadifferenz den Rückgang der Preise bewirkt, so wie die Schädigung der heimischen Probucenten.

Umgekehrt erschwert die österreichische Valutadifferenz den Export von Kohlen nach Oesterreich, wenn die feine oberschlesische Stückkohle loco Zeche 5 M. kostet, so muß der österreichische Importeur bei einem Cours des Schuld= ners von 16¼

$$\frac{500}{16\frac{1}{4}} = 3{,}05 \; \text{Fl.}$$

dafür zahlen, während er bei vollwerthiger Valuta nur 2,5 Fl. zu zahlen brauchte.

Eine Remonetisirung des Silbers würde auch hierin Hülfe gewähren, der Gulden würde 2 Mark gelten, und dieser hohe Cours würde uns die Concurrenz in öster= reichischen Probukten weniger fühlbar machen.

Auch würde sich die Concurrenz der österreichischen Spiritus= und Zuckerindustrie auf dem auswärtigen Markt nicht so bemerkbar machen. Z. B gehören jetzt, abgesehen von Fracht und Provision, 2000 Pesetas dazu, um für 1000 Fl. Spiritus für Spanien zu kaufen, 80 Lstr., um für 1000 Fl. Zucker für England zu kaufen, wenn aber der Fl. 2 M. gilt, wird man 2500 Pesetas bez. 100 Lstr. dazu gebrauchen, das wird uns die Concurrenz erleichtern. Aber wird dann nicht der Bimetallismus ein Nachtheil für Oesterreichs Probuktion werden? Keineswegs; zunächst dürfen wir nicht vergessen, daß es sich bei diesen sehr ex= tremen Beispielen nur um eine Wechselwirkung handelt, d. h. niedrige Preise in den Goldländern, verhältnißmäßig bessere Preise in den Ländern der minderwerthigen Valuta, wie ich vorhin schon ausführte, die Hauptursache der niedrigen Preise ist der Goldmangel, seine Beseitigung wird auch den österreichischen Probuzenten große Erleichterung gegen= über seinen Steuern, Schuldverpflichtungen und Arbeitslöhnen gewähren, und einen kolossalen Vortheil den österreichischen Staatsfinanzen durch die Beseitigung des Goldagios; zu= gleich giebt der Bimetallismus die Möglichkeit einer Zoll= union zwischen dem deutschen Reich und Oesterreich.

Wenn übrigens die Landwirthe in unserem Nachbar= lande Gegner der Herstellung der Valuta sind, so ist das nicht zu verwundern, die Manchesterpresse schwärmt auch dort für die Goldwährung und will die Valuta nur mit Gold wiederherstellen, sie verschweigt aber, wo das Gold herkommen soll. Der bloße Versuch würde Oesterreich wirthschaftlich und finanziell ruiniren und auch in anderen Ländern neue wirthschaftliche Calamitäten anrichten durch die internationale Vertheurung des Währungsmetalls.

b) Das Verhältniß der Goldländer zu Indien.

Die wichtigste Rolle in der Silberfrage spielt das Land der reinen Silberwährung, Indien Nicht allein wegen seiner Handels- und politischen Beziehungen zu England, sondern hauptsächlich wegen seiner eigenartigen Stellung im Welthandel. Seine Zahlungsbilanz ist stets aktiv, niemals passiv, d. h. es zieht immer Edelmetall an sich.

Schon 79 vor Christi Geburt klagt Plinius, daß Indien jährlich dem Römischen Reich 5 Millionen Sesterzen entziehe, eine Summe, die man heute auf 11 Millionen Mark schätzt, und 17 Jahrhunderte später sagt Bernier: „Silber und Gold circuliren nur in Europa, um schließlich nach Indien zu gehen und dort in einem Abgrund zu versinken, aus dem nichts wieder herauskommt." Nach der Silberentwerthung war Indien das Land, welches hauptsächlich die von den europäischen Münzstätten abgesperrten Silbermassen aufnehmen mußte, und dementsprechend konnte es seine Produkte in größeren Mengen abgeben. Wie wir vorher in Beispielen ausgeführt haben, erleichtert eine Entwerthung der Valuta den Export ungemein und zwar zu Preisen, welche, in der höherwerthigen Valuta gerechnet, niedriger sind, als in der minderwerthigen. Nun hätte man aber glauben sollen, die Vermehrung der Zahlungsmittel in Indien hätte ein Steigen der Preise herbeiführen müssen. Geffken behauptet dies auch, ohne irgend einen Beweis zu führen,*) das Gegentheil ist aber richtig, es findet seine Ursache darin, daß in Indien sowohl Silber wie Gold in kolossalen Massen zu Schmucksachen und zum Thesauriren (Vergraben) verwandt wird, und daß also eine Vermehrung der Zahlungsmittel in Indien pro Kopf der Bevölkerung nicht nachzuweisen ist.**) Die Preise sind in

---

*) Deutsche Rundschau.

**) Soetbeer, Materialien S. 46: „Sind in den letzten 50 Jahren in Indien über 2000 Millionen Mark Gold in Münzform oder als Schmuck thesaurirt, so erscheint uns die Voraussetzung, daß etwa 3000 Millionen Mark Silber ein gleiches Schicksal erfahren haben, sehr wahrscheinlich."

Indien wie in der ganzen Welt gesunken, und theile ich aus Soetbeer folgende Tabelle darüber mit:

Für eine Rupie waren zu beschaffen:*)

	1870	1874	1876	1880	1882	1884
Seers Weizen	12,5	14,9	17,2	12,8	15,2	16,6
„ Hirse	19,5	23,5	26,0	21,7	25,6	24,0
„ Salz	13,6	14,8	14,8	11,4	14,3	14,8

Diese Tabelle ist nach 13 Distrikten in Indien für jedes zweite Jahr seit 1870 berechnet, und das Organ der englischen Goldpartei, der „Ökonomist", glaubt daraus auf eine gesteigerte Kaufkraft der Silberrupie schließen zu müssen, womit ich vollkommen übereinstimme.

Interessant ist die Frage, welchen Antheil die Silber= entwerthung am Weizenexport Indiens hat, ob nicht der Bau der Eisenbahnen, die Eröffnung des Suezkanals 1869 ausschlaggebende Momente waren.

Das Meyer'sche Conversationslexikon von 1877 schreibt im Artikel „Ostindien" Folgendes: „Weizen unterlag bis 1873 einem Ausfuhrzoll,**) damals ging derselbe im Werth von 1½ Millionen Mark nach asiatischen und afri= kanischen Häfen, nach England fast keiner. Unter dem plötzlichen Sinken des Silberpreises außerhalb Indiens hob sich aber die Weizenausfuhr nach Indien so sehr, daß 1874 dahin 904,356 Ctr., in den ersten 8 Monaten von 1876 sogar 1,8 Millionen Ctr. ausgeführt wurden"

Soetbeer***) giebt folgende Daten für den Weizenexport Indiens:

1879—80	2,195 500	Ctr.
1880—81	7,444 375	„
1881—82	19,863 520	„
1882—83	14,144 407	„
1883—84	20,956 495	„

Auch in Oelsaaten macht uns Indien in den letzten Jahren enorme Concurrenz, die mit der fortschreitenden Silberentwerthung immer schlimmer werden muß.

1868 wurden für 43,2 Millionen Oelsaaten exportirt, 1884 für 201,7 Millionen Mark, an der Quantität ist die Steigerung bedeutender, da die Preise in den letzten Jahren erheblich niedriger, als 1868 waren. Die Ent= werthung des weißen Metalls hätte nun wohl nicht solche Fortschritte gemacht, wenn Indien nicht durch seine Kriege

---

*) Soetbeer, Materialien S. 107.
**) Der Zoll betrug 50 Pf. pro 1 Ctr.
***) Soetbeer, Materialien S. 44.

und seinen Eisenbahnbau sehr bedeutende Anleihen in England aufgenommen hätte. Da dieselben in Gold zu zahlen waren, so wurden die Zinszahlungen in der Weise bestritten, daß die Regierung in London Wechsel auf Calcutta zog, die sogenannten India concil bills, welche in England verkauft wurden, um dem Importeur indischer Waaren als Zahlungsmittel nach Indien zu dienen.

Beinahe ²⁄₃ des Mehrerports der indischen Waaren werden damit gedeckt, und damit sind wir bei dem schwierigsten Theil der Silberfrage angelangt, die Frage des indischen Wechselcourses.

Durch die einmal eingetretene Silberentwerthung wurden die indischen Finanzen, die auf Silber beruhen, auf das empfindlichste geschädigt, von Jahr zu Jahr hatte die Regierung in Indien mehr concil bills zu bezahlen, und der Verkauf der concil bills in London wirkte wie ein Verkauf von Silber und war stets ein neues Moment der Silberentwerthung, welches von neuem die Finanzen Indiens schädigte. Aus diesen wenigen Worten erhellt die ganze Schwierigkeit der Frage, da befindet man sich in einer Zwickmühle, wenn man Ursache und Wirkung unterscheiden soll. Da bewegt sich die indische Verwaltung, die ihre Schuldverbindlichkeiten immer wachsen sieht, in einem Zirkel, dessen Consequenz der finanzielle Ruin Indiens sein muß*) In England selbst halten Viele den Bankerott Indiens für unaufhaltsam. Bemerkenswerth sind folgende Aeußerungen des vormaligen Directors der Münze zu Madrid, des Herrn J. T. Smith.**)

„Man ist geneigt, sich in Betreff der Silber=Absorption Indiens eine irrige Meinung zu bilden; man glaubt, daß Indiens Produkte zu normalen Preisen, den Import übersteigend, nach England gehe und daß Silber selbstver=

---

*) Verschiedene Goldleute, v. a. Buek und Soetbeer wollen den originellen Beweis führen, daß die Zunahme der India concil bills überhaupt die Silberentwerthung veranlaßt habe, weil Indien nicht so viel Silber gebraucht habe.

Folgende Zahlen beweisen das Gegentheil.

Die Silbereinfuhr nach Indien
betrug 1871 18 Millionen Mark bei einem Silberpreis von 60½.

„	1872	130	„	„	„	„	„	„	60⁵⁄₁₆.
„	1877	144	„	„	„	„	„	„	54¹³⁄₁₆.
„	1878	281	„	„	„	„	„	„	52⁹⁄₁₆.

Die Verschuldung Indiens kann also auf das Eintreten der Silber=entwerthung gar keinen Einfluß gehabt haben.

**) Neuwirth, Kampf um die Währung.

ständlich dafür zurückkommt, während gegenwärtig Indien, vom Silber abgesehen, zur Bezahlung seiner Conncill bills allein nicht genug Produkte verkaufen kann, außer durch Erniedrigung seines Wechselkourses (d. h. fortschreitende Valuta=Entwerthung) und da diese Wechsel constant auf dem Markt sind und verkauft werden müssen, so kann weiteres Silber nur zu corresponbirendem noch niedrigerem Preise Unterkunft finden."

Wir möchten diese Ausführungen mit einem Beispiel illustriren. Um für 1000 Rupien bei einem Werth von 1 M. 70 Pf. Produkte von Indien (Provision und Fracht ungerechnet) zu beziehen, gehören 85 Lstr., aber ange= nommen, es lohnte sich für den indischen Exporteur nicht, für 1000 Rupien zu verkaufen, so sinkt der Export Indiens, damit der auf indische Valuta lautende Wechsel, der indische Wechsel in London wird erst gekauft, wenn man 1060 Rupien für 85 Lstr. erhalten kann, nun erhält also der Exporteur statt 1000 Rupien 1060 Rupien, also eine Exportprämie von 6 pCt., und nun lohnt es sich, zu exportiren *)

Bei diesen Schwankungen werden größere oder ge= ringere Ernten Indiens von großer Bedeutung sein, aber was wollen heute gute Ernten in Indien besagen? Heute, wo in Folge der Goldvertheuerung die Preise so gesunken sind, heute nutzt die beste Ernte dem Silberlande Indien nichts,**) sie ist unfähig, den indischen Wechselcours zu halten, die Silberentwerthung schreitet fort und Verheerung bezeichnet ihren Gang.

Mit großem Recht sagt der vormalige englische Finanzminister Göschen:***)

„Man fürchtet Silber wegen seiner Entwerthung wieder zu Münzzwecken zu verwenden und die Entwerthung pflanzt sich durch die Wirkung dieser Furcht weiter."

Und Cernuschi: Heute, da der Bimetallismus aus der Welt geschafft wurde, treiben die beiden monome= tallistischen Systeme in England und Indien ohne Compaß und 'Steuerruder dahin, die indischen Bills seien keine Geldwechsel mehr, sondern Warrants (Noten) einer Waare, die ohne Grenze steigen oder fallen kann, heute vermögen die Engländer nicht einmal mehr in ihrem eigenem Gelde den Preis zu bestimmen, der in Nanking, Canton,

---

*) Der Werth der Ruple ist dann auf 1 M. 60 Pf. gesunken.
**) So geht es dem Landwirth heute auch!
***) Allard.

Patna ꝛc für Thee, Seide oder Opium verlangt wird oder zu welchen die Waaren von Manchester in Bombay, Singapore, Shangai ꝛc. angeboten werden können."

Also nicht allein der gesunkene Silberwerth, sondern in noch höherem Grade die Schwankungen des Silber=preises zerstören die Sicherheit des internationalen Ver=kehrs. Die englischen Exporteure suchten sich gegen die Verluste nun dadurch zu schützen, daß sie in Indien Filialen errichteten und begannen, in England verwendbare Pro=dukte zu importiren, denn sie hatten dabei den Vortheil, den Schwankungen der Wechselkurse zu entgehen. Hierfür konnte nun nichts so willkommen sein, als der stets leicht verkäufliche Weizen. Derselbe wurde in Silber gekauft und in London gegen Gold verkauft.

Hierzu wird bei Soetbeer, Materialien S. 44 be=merkt:

„Der indische Weizenhandel ist von sehr unsicherem und schwankendem Charakter. Seine Fortdauer im großen Umfange ist von der Concurrenz vieler Umstände abhängig, 1. reichlicher Ernte in Indien, 2. ungünstigen Ernten in den Vereinigten Staaten und in Europa, 3. niedrigen Frachten, 4. niedrigen Wechselkursen (auf Indien). Wenn diese vier Faktoren zusammentreffen, wird die Masse der Zufuhr indischen Weizens an den consumirenden Märkten diejenigen in Erstaunen setzen, die nur unvollkommen mit der Produktionsfähigkeit Indiens für diesen Artikel be=kannt sind. Wenn jedoch einer dieser Faktoren fehlt, so sinkt der Gewinn in solchem Maße, daß der Export nur deshalb geschieht, um entweder abgeschlossene Geschäfte zu erfüllen, oder als Alternative zur Vermeidung baarer Be=zahlung der Importen."

Der Abgeordnete Bamberger hat nun in seiner Wäh=rungsrede im Reichstage ausgeführt, wenn beim Bimetallis=mus alle Preise in die Höhe gingen, so müsse Indien doch erst recht Weizen senden. Er scheint nicht zu wissen, daß die anderen Produkte Indiens, die Colonialwaaren, ähnlich im Preise gesunken sind, und daß die niedrigen Schiffs=frachten auch eine Folge der Silberentwerthung sind. Die Restitution des Silbers wird den Handelsverkehr zwischen der tropischen und gemäßigten Zone außerordentlich be=leben, die Schiffsfrachten werden steigen, und es wird sich mehr lohnen, Colonialwaaren anzubauen und zu exportiren, weil bei diesen hochwerthigen Produkten die Frachten den Verdienst weniger schmälern. Deshalb wird, m. H., der indische Weizenexport nicht nur abnehmen, sondern auch ganz aufhören, umſomehr als bei einem wirthſchaftlichen Aufſchwung der Conſum am Weizen in Indien ſelber ſteigen wird. Selbſt wenn er aber ſo bliebe wie heute, ſo würde Indien genöthigt ſein, auf höhere Preiſe in Gold gerechnet zu halten, weil die Valutadifferenz fort= fällt, heute gehören 1600 Mark dazu, um für 1000 Rupien Weizen zu kaufen, ſpäter wird man 2000 Mark dazu ge= brauchen (abgeſehen von Fracht und Proviſion).

Wir entnehmen dem Referat der franzöſiſchen Bankiers folgendes Beiſpiel:

„Das indiſche Getreide wurde nach den Preis=Ver= zeichniſſen vom 20. Februar in Bombay mit 3 Rupien 6 Annas pro cnt. notirt, ein Preis, der ſo niedrig iſt, daß unter demſelben die Ausfuhr kaum möglich ſein wird.

Nun ſind 3 R. 6 A. pro cnt. gleich C⁷/₈ R. pro 100 kg. und umgerechnet, die Rupie zu ungefähr 2 Francs angenommen (1/ 6⁷/₈ à 2ɔ,38) . . . = 13 Francs 25.

Hierzu Fracht, Aſſecuranz, verlorene
$$\text{Zinſen, Commiſſion ꝛc. ungefähr} \quad \underline{4} \quad \text{„} \quad \text{—.}$$
Der Preis in Marſeille (pro 100 kg. = 17 „ 25.
entſpricht alſo dem obigen Preiſe in Bombay. —

Wenn jetzt nun die Ausmünzung des Silbers in Frankreich frei wäre, ſo würde der indiſche Wechſelcours wenigſtens auf 2 Francs 37 ſteigen, das iſt der innere Werth der Rupie, wenn mit dem Fünffrancsſtück ver= glichen (ſogar ohne auf die Koſten der Ausmünzung und die während der Reiſe verloren gegangenen Zinſen Rück= ſicht zu nehmen).

In dieſem Falle würden 3 R. 6 A. pro cent. in Bombay einem Preiſe von 15 Francs 70 + 4 = 19 Francs 70 pro 100 kg Getreide in Marſeille gleich= kommen.

In anderen Worten: eine Steigerung des Werthes der Rupie um 45 cent. würde 3 Francs pro 100 kg repräſentiren, das iſt genau der Mehrzoll, welcher genehmigt worden iſt.

Es würde alſo die Rehabilitation des Silbers im Stande ſein, der Concurrenz Indiens Einhalt zu ge= bieten, und alle Bemühnngen müßten auf die Ein= führung der Doppelwährung gerichtet ſein, welche allein dem entwertheten Metall ſeinen vollen Werth wiederzugeben vermag.“

Amüſant iſt die Behauptung des praktiſchen Land= wirths Wilbrand, daß der indiſche Bauer beim Weizenbau keine Rechnung mehr findet und sich ernstlich mit der Frage beschäftigt, ob er nicht besser thäte, vom Weizen abzulassen und seine früheren Früchte wiederanzubauen. Was sollen denn aber die indischen Bauern für Früchte bauen, die Entwerthung ist ja bei allen beinahe die gleiche! Bei uns lehrt der manchesterliche Volkswirth: „Baut kein Getreide mehr, baut Handelsgewächse, treibt Viehzucht", und der praktische Wilbrand reist nach Indien und sagt dem dortigen Collegen: „Bau keinen Weizen mehr, bau deine früheren Früchte wieder." Wir wenden uns nun einer Gruppe von Ländern der Doppelwährung zu, deren Valuta auch gesunken ist, aber nicht bis zu der Minderwerthigkeit, wie die der Silberländer.

c. Der Verfall der Rumänischen und Spanischen Valuta.

Als der König von Rumänien im November 1884 die Kammern eröffnete, sagte er in seiner Thronrede u. a., das Land habe schwer zu leiden durch die landwirthschaftliche Krisis, es gebe dafür nur einen Grund: der hohe Werth des Goldes und die Regierung müsse bemüht sein, diesem Uebelstande abzuhelfen.

Rumänien vermochte nämlich nicht, sein Getreide zu denjenigen Preisen zu exportiren, welche die russisch, amerikanisch, indische Concurrenz im vorigen Jahre herbeigeführt hatte. Große Massen Getreide lagen aufgehäuft, ohne die Möglichkeit, dieselben anders als mit schweren Verlusten an das Ausland verkaufen zu können. Dieses liefert Rumänien, aber die industriellen Produkte und die rumänischen Kaufleute bezahlen dieselben mit Getreidewechseln auf das Ausland. Nun konnte Rumänien kein Getreide exportiren, es gab also keine Wechsel auf das Ausland und die industriellen Produkte mußten mit Gold an das Ausland bezahlt werden. Rumänien hat aber geringe Goldbestände. die Bank verweigerte auf Banknoten Gold zu geben und es mußte mit einem Aufgeld im Land aufgetrieben werden, dieses Aufgeld oder Agio betrug bald 16 pCt., um so viel war die rumänische Valuta gegen Gold entwerthet. Die Preise in der Landesvaluta zogen deshalb an, die Getreidehändler erhielten die Möglichkeit ihren Schuldverpflichtungen im Lande nachzukommen, und nun lohnte es sich, zu exportiren. Nun sank das Goldagio, weil man an das Ausland wieder in Getreidewechseln zahlte, sehr bald war es aber nothwendig, wieder Gold aufzutreiben, weil Rumänien bei dem geringen Goldagio nicht mehr Getreide exportiren konnte. So entwickelte sich ein Schautelſpiel zwiſchen Goldagio und Getreideexport, welches Rumänien viel Gold entzog, und heute beträgt in Folge deſſen das Goldagio circa 18 pCt.

Der „Rumäniſche Lloyd" ſchrieb am 8. Februar dieſe Ereigniße prophetiſch vorausſehend:

„Das große Ereigniß des Tages iſt das Sinken des Goldagio auf 12 bis 11½ pCt; doch dürfte dieſer Rückgang als eine Folge des durch das hohe Goldagia begünſtigten Getreideexports nur vorbeigehender Natur ſein, da mit dem Sinken des Agios auch die günſtigen Chancen der Getreide-Ausfuhr ſinken müſſen."

Ein ähnliches Schickſal ſteht Spanien bevor. Das Land hat für die heutigen unſichern Verhältniße, eine zu unvorſichtige Politik verfolgt, es hat Silber in großen Summen gekauft, und als vollwerthige Münzen zum Courſe von 1 : 15½ in die Circulation gebracht. In Folge deſſen herrſcht auch dort Goldmangel und das Agio beträgt ſchon 3⅛ pCt. Dies kann ſich aber binnen kurzer Zeit erheblich verſchlimmern, und unſer Export namentlich an Spiritus würde darunter leiden, andererſeits wäre Spanien in der Lage billig zu exportiren. Denn das erſcheint mir eine ganze irrige Anſicht zu ſein, daß ein Land dasjenige exportirt, woran es Ueberfluß hat, dazu wirken in den verſchiedenen Ländern zu viele Faktoren auf die Preisverhältniße ein, und die Relationen, die Beziehungen von Land zu Land, ſtehen keineswegs immer in harmoniſcher Verbindung, der Hauptfaktor für die Ausfuhr iſt immer das lohnende Geſchäft beim Export. Wie häufig leſen wir nicht in den Zeitungen, daß in Amerika und Rußland große Maſſen von Getreide aufgeſpeichert liegen, und es iſt nicht möglich, dieſelben zu exportiren.

III) Das hohe Goldagio in den Ländern der unterwerthigen Papiervaluta.

M. H. Wir haben uns bisher mit den Staaten beſchäftigt, deren Währung auf die Edelmetalle baſirt iſt, wir kommen nun mehr zu denjenigen, die einerſeits von früher her unterwerthige Papiervaluta haben, und deren Valuta anbereiſeits wegen der niedrigen Preiſe geſunken iſt, und aus demſelben Grunde nicht wieder hergeſtellt werden kann, es iſt dies alſo eine indirekte Wirkung der Silberentwerthung.

a) Das Goldagio in Rußland

Rußland hat urſprünglich Silberwährung, aber wegen des ſchlechten Standes der ruſſiſchen Finanzen, giebt die Regierung ſeit 1845 Aſſignaten aus, welche Zwangscours haben, und „ruſſiſche Noten" genannt werden. Sie hatten vor dem ruſſiſch-türkiſchen Kriege einen Werth von circa

2,7—3 Mark., seitdem aber sind sie so entwerthet, daß ihr heutiger Cours sich von 1,90—2,00 bewegt. Diese Valutadifferenz befördert den Export aus Rußland außerordentlich und zu Preisen, welche in Gold gerechnet, sehr niedrig sind, sie drückt u. a. auch die Spiritus= und Zucker= preise auf dem auswärtigen Markt und bringt dadurch bei uns dieselbe Wirknng hervor, wenn auch nach Deutsch= land diese Produkte nicht direkt importirt werden.

Wir entnehmen darüber der lesenswerthen Broschüre des Geh. Raths Schraut; „Die Lehre von den auswärtigen Wechselcoursen" Folgendes:

„Ein lehrreiches Beispiel bietet die von sachkundiger Seite im Jahre 1879 angestellte Erörterung der Frage, welchen Antheil der durch den russisch=türkischen Krieg ver= ursachte Rückgang der russischen Valuta an der Versorgung Deutschlands mit russischem Getreide zu ungewöhnlich billigen Preisen gehabt hat. Vor dem Kriege, als der Rubel einen Werth von annähernd 3 Mark hatte, galt es als Axiom daß an einen regelmäßigen Import von russischem Roggen nicht zu denken sei, wenn der Roggenpreis an der Stettiner und der Berliner Börse unter 140 Mark falle. Seitdem haben wir gesehen, daß es möglich gewesen ist, große Mengen Roggen von Rußland zu beziehen, als der Preis an jenen Börsen auf und selbst unter 120 Mark zurückge= gangen war. Die Erklärung dafür liegt in dem Valuta= verhältniß. Bei einem berliner Börsenpreise von etwa 120 Mark kann der Petersburger Exporteur für den Tschetwert Roggen in Petersburg, wenn der Cours des Rubels 2 Mark ist, 7 Rubel 50 Kopeken, wenn er 3 Mark ist, nur 5 Rubel bezahlen. Rechnen wir für Kosten und Gewinn der Zwischenhändler 1 Rubel pro Tschetwert, so erhält an allen Punkten im Innern Rußlands, von denen die Fracht nach Petersburg nicht weniger als 3 Rubel beträgt, der Producent bei einem Petersburger Preise von 7 Rubel 50 Kopeken für seinen Roggen an Ort und Stelle 3 Rubel 50 Kopeken. Bei einem Petersburger Preise von 5 Rubel, würde er aber nur einen Rubel erhalten können. Zu diesem Preise verkauft kein Producent, der nichtverkaufen muß. Dagegen steht der Producent sich bei einem Preise von 3½ Rubel so gut, daß er in den meisten Fällen lieber dazu verkauft, als auf bessere Cunjuncturen speculiren wird. Bei einem Rubelpreise von 3 Mark muß der berliner Roggenpreis schon auf 180 Mark steigen, wenn der russische Kaufmann im Stande sein soll, dem Producenten 3½ Rubel zu bezahlen. Allerdings haben diese 3½ Rubel, an Waa=

ren nichtruffischen Ursprungs gemeffen, dann einen höheren
Werth, aber dies zu bemerken, hat der ruffische Bauer mit
seinem geringen Bedarf an ausländischen Waaren wenig
Gelegenheit, und unter allen Umständen sind 3½ Rubel
zu 2 Mark auf dem Weltmarkt ungefähr so viel werth,
wie 2½ Rubel zu 3 Mark. Der Producent hat also,
wenn er während der Geltung des Zweimark=Courfes zu
3½ Rubel verkaufte, an innerem Geldwerth immer min=
bestens 133 pCt. mehr erhalten, als er bei gleichem Ber=
liner Roggenpreise beim Courfe von 3 Mark hätte erhalten
können, wo, wie oben ausgeführt, nur ein Rubel für ihn
übrig geblieben wäre "

Wenn nun von anderer Seite behauptet wird, in den
Ländern einer minderwerthigen Valuta trete ein Ausgleich
ein, d. h. der Producent müffe auch alle Ausgaben theurer
bezahlen, so ist dies für den größten Theil derselben, z. B.
Tagelöhne, Gehälter 2c., vollkommen falsch; es trifft eigent=
lich nur für eingeführte Waaren, z. B. landwirthschaftliche
Maschinen, zu. Außerdem scheint bei diesem Einwand
vollkommen vergeffen zu werden, daß die bedeutendsten
Ausgaben der Landwirthschaft die festen Schuldverpflich=
tungen sind: Hypothekenzinsen, Pächte und Steuern; diese aber
werden in ruffischer Valuta gezahlt, und wer 1000 Rubel
Zinsen zu zahlen hatte, wie der Rubel 3 Mark stand, der
zahlt heute bei einem Stande von 2 Mark auch noch
1000 Rubel. Hier tritt also gar kein Ausgleich ein; der
ruffische Landwirth kommt also, je niedriger der Rubel
steht, zu einem desto günstigeren Verhältniß seiner Ein=
nahmen zu seinen Schuldverpflichtungen. Er producirt
billig und macht deshalb billige Concurrenz auf dem in=
ländischen und auswärtigen Markt. Insofern drückt der
Schlußpaffus des citirten Beispiels nicht extrem genug den
wirklichen Sachverhalt aus, denn der Zahlungswerth des
Rubels in Rußland bleibt eben ca. 3 Mark.

Wenn man nun auch die Silberentwerthung nicht
direkt für den niedrigen Stand der ruffische Papiervaluta ver=
antwortlich machen können, so würde aber die Wiederherstellung
des Silberwerths durch die internationale Doppelwährung
die Abschaffung des Zwangscourses erleichtern. Rußland
würde durch die beffern wirthschaftlichen Verhältniße und
die Möglichkeit einer Silberanleihe in der Lage sein, seine
Valuta herzuftellen oder zu heben.

b) Das Goldagio in den Ländern Südamerikas.
M. H. Ich habe mich vorher bemüht nachzuweisen,
daß die Silberentwerthung ein Sinken der Preise auf der

ganzen Welt hervorgerufen hat. Ganz besonders leiden darunter auch solche Länder, welche auswärts verschuldet sind, und ihre Zinsen in Gold zahlen müssen. Während sie sich früher ihres Exports an Produkten z. B. Kolonialwaaren dazu bedienten, um mit den dafür erhaltenen Wechseln ihre Zinsen zu decken, reicht dies bei den heutigen niedrigen Preisen nicht mehr aus, sie sind genöthigt Goldsendungen zu effektuiren. Die Banken, die ohnedies schon schwache Goldbestände haben, stellen dann ihre Baarzahlungen ein, die Banknoten unterliegen dem Zwangscours und entwerthen sich rapide. So sank im vorigen Jahr die Brasilianische Valuta um 17 pCt., die Banknoten Argentiniens verloren 40 pCt., während wie bei dem entwertheten Silber ihr Zahlungswerth für Schuldverpflichtungen derselbe bleibt. Speziell Argentinien ist für uns von Interesse, wegen seines Wollexports und weniger in der Quantität der exportirten Wolle ist das plötzliche Sinken der Wollpreise erklärbar, als durch die plötzliche Entwerthung des Papiergeldes, welches andererseits auch den Export unserer Industrie dorthin erschwert und also doppelt unheilvoll wirkt.

Argentinien besitzt circa 73 Millionen Schafe, es exportirte an Wolle von diesen Schafen 114,344,600 kg. für circa 130 Millionen Mark, während Australien 87 Millionen Schafe besitzt. Auch dort klagt man über die niedrigen Wollpreise, ebenso wie in den Vereinigten Staaten über die niedrigen Weizenpreise. Es ist interessant, wie die Wolle Argentiniens Australien gegenüber dieselbe Rolle spielt, wie der indischen Weizen für den Weizenproducenten in Nordamerika.

Die Restitution des Silbers dagegen würde überall bessere Peise gewähren, Argentinien würde in der Lage sein, mit den Wechseln für den Export seine Schuldverpflichtungen und industriellen Bedürfnisße zu decken und der Begehr nach Gold würde nachlassen, und die Valuta sich heben und mit der Zeit wieder ganz hergestellt werden.

An dieser Stelle möchte ich darauf aufmerksam machen, daß ein Führer der Goldpartei, Herr Gen.-Consul Russel, es als einen Vortheil für Deutschland hervorgehoben hat, daß es sich auswärtigen Länder durch Verschuldung in Gold dienstbar gemacht habe, dadurch erhielte Deutschlands Stellung stets ein Uebergewicht, daß auswärtige Länder genöthigt seien, ihre Rimeßen in Gold zu zahlen.

In diesen Worten liegt weiter nichts, als eine geistreiche Verschleierung der herrschenden Goldnoth. Außerdem werden in einigen Staaten Südamerikas jetzt Gesetze vorbereitet, wodurch alle auf Gold lautenden Schuldverschreibungen in solche umgewandelt werden, welche in der Landesvaluta bezahlt werden. Was nützt dann dem Capitalisten, dem Geldverleiher seine Rimesse in Gold, wenn die schuldigen Länder einfach ihren Bankerott erklären müssen?

Ich gehe nunmehr zu der Frage über, wie die landläufige Meinung das Sinken der Preise erklärt. Da giebt es drei Theorien, von denen eine immer unhaltbarer ist als die andere:

1. die landwirthschaftliche Concurrenz,
2. die Ueberproduktion,
3. die Handelskrisis oder der große Krach vom Jahre 1873.

Die erste dieser Theorien behauptet, daß seit den 70er Jahren die Concurrenz sich in Getreide sehr vermehrt habe, und daß deshalb die Preise gesunken seien. Aber die Herren, die damit etwas beweisen wollen, vergessen stets, dem Mehrimport an Brotfrüchten die Vermehrung der Bevölkerung gegenüberzustellen, welche seit 1873 für Deutschland allein 5 Millionen beträgt. Pro Person rechnet man 4 Ctr Getreide Consum. Vergleiche ich nun die Getreidestatistik in den 70er Jahren mit der heutigen, so finde ich nicht allein damals hohen Import bei recht hohen Preisen bei uns, sondern auch keine relative Vermehrung der Einfuhr in den letzten Jahren.

Man könnte mir den Verlust des auswärtigen Markts entgegenhalten, aber auch im Auslande hat sich die Bevölkerung vermehrt, während z. B. in England der Weizenanbau um ein volles Drittheil eingeschränkt ist, und billige Schiffsfrachten sowie indischer Weizen gehören unter den Begriff: Concurrenzveränderungen durch die Silberentwerthung.

Was aber vor allem der Concurrenztheorie widerspricht, ist die Entwerthung aller anderen Produkte, der Colonialwaaren, der Montanwerthe, der Manufakturen. Wir theilen nachstehend eine Tabelle mit, welche das Sinken der Preise veranschaulicht, die wir dem bekannten Werk des früheren englischen Finanzministers Göschen „Ueber die Resultate einer zunehmenden Kaufkraft des Goldes" entnehmen:

	1873	1883
Zucker { brauner Manilla	16½ shill. pro centiw	12 shill. pro centiw.
guter und schöner		1884: 11½ shill.
West.=Ind.	29 „ „ „	20 „ „ „
Thee, gesunder, gewöhnlicher (Congou ...	11¼ pence pro Pfund	5·5¼ pence pro Pfund
Kaffee, Middl. Plant. Ceylon	87 shill pro centiw.	70 shill pro centiw.
		1884: 59 shill.
Cacao*), Guayaquiel ..	59·60 „ „ „	59 shill. pro centiw.
Weizen	56 „ „ Quarter	40½ „ „ Quarter
Reis, Rangoon ...	9¼ „ „ centiw.	7 „ „ „
Pfeffer ...	7 pence pro Pfund	5¼ pence „ Pfund
Metalle.		
Eisen, schottisches Roheisen	$6^7/_{20}$ L. pro Tonne	$2^9/_{20}$ L. pro Tonne
		1884: $2^3/_{20}$ L.
Blei, englisches ...	21¼ „ „ „	13¾ L. pro Tonne.
		1884: 11 L.
Kupfer	91 „ „ „	65 L. pro Tonne.
		1884: 48 L.
Zinn, ausländisches .	142 „ „ „	93 L. pro Tonne.
Andere Rohmaterialien.		1884: 74 L.
Wolle { Englische Schafw	2¼ shill. pro Pfund	10¾ pence pro Pfund
Mohair ..	3¼ „ „ „	$1^{17}/_{24}$ shill. „ „
Australische durch= schnittlich gewasch.		
Victoria ...	2 „ „ „	$1^5/_6$ „ „
Alpaca ..	2¾ „ „ „	1¼ „ „
Baum= { Middl. Upland	9 pence „ „	5½ pence pro Pfund
wolle { schöne Surat .	6¼ „ „ „	4¼ „ „
Cochenille	$2^5/_{12}$ shill. „ „	10 „ „
Indigo	7¼-7½ „ „ „	$6½-6^5/_6$ shill. pro „
Häute { River plate, scharf gesalzen	8½ pence „ „	7¼ pence pro „
matt gesalzen .	8¼ „ „	6½ „ „
Jute	16 L. pro Tonne	10½-11 L „ Tonne
Salpetersaures Natron .	16·16½ shill.pr. centiw.	12 shill. pro centiw.
Salpeter ..	30½ shill. pro „	19 „ „ „
Kohlen.		
Wallsend	3·· „ „ Tonne	18 „ „ Tonne

Seit 1883 hat das Sinken der Preise rapide Fort=
schritte gemacht, Kaffee wird jetzt mit 50, Kupfer mit 41,
Eisen mit 2 Lstr. notirt.

Die Goldpartei ist auch hier mit ihren Erklärungen
schnell bei der Hand: die neuen Erfindungen, die Vervoll=
kommnung der Maschinen hat auf allen Gebieten des
wirthschaftlichen Lebens eine „Ueberproduktion" erzeugt,

---

*) Der Preis für Cacao ist nicht gefallen, aber die Preise der
sonst erforderlichen Artikel eines „Frühstücks=Tisches", als Zucker, Thee
und Kaffee haben — wie man ersehen wolle — einen ganz bedeutenden
Rückgang erfaren.

das einzige Rettungsmittel sei „Produktionseinschränkung" zu empfehlen. Es ist merkwürdig, daß diese Ueberproduktion erst seit dem Jahre 1874 existirt, also bis dahin ist nicht genug, seitdem aber trotz der wachsenden Bevölkerung immer zu viel produzirt worden! Und alle traurigen Erscheinungen, die Vermögensverluste und Bankerotte der Besitzenden, Arbeiterentlassungen, Hunger, Elend und Mangel in der arbeitenden Klasse will man damit erklären, daß alles, was zum Leben gehört, im Ueberfluß produzirt wird, m. H., das ist ein Widerspruch in sich selbst, weiter aber auch nichts!

Einige Leute halten die heutige wirthschaftliche Lage für eine Folge der Handelskrisis vom Jahre 1873, aber die Geschichte zeigt, daß derartige Krisen höchstens 1—2 Jahre anhalten, außerdem ist es sehr merkwürdig, daß dieser sogenannte „große Krach" auf die Preise der landwirthschaftlichen Produkte gar keinen Einfluß ausübte, die Entwerthung derselben fand erst im Herbst 1874 statt, und seitdem ist eine Erholung nur für kurze Zeit im Jahre 1879/80 eingetreten. Vergleicht man ferner die Krisis 1873 mit den Handelskrisen früherer Zeiten, so möchte ich dieselbe mehr für eine Börsenkrisis halten, erzeugt durch die Ueberspekulation, welche kolossale Ansprüche an die Banken machte. Wir finden letzteres in den Disconten der größten Geldinstitute ausgedrückt, z. B. die Bank von England ging hinauf bis 8 pCt., Paris bis 7 pCt., ebenso Berlin und Hamburg. Diese Krisis mußte in Folge der Ueberspekulation und auch augenblicklichen Ueberproduktion kommen, die Silberentwerthung hat sie zu einer chronischen gemacht. Interessant ist die Frage, ob die deutschen Goldankäufe das Eintreten der Krisis beschleunigt haben. Ich enthalte mich darüber jedes Urtheils, möchte jedoch die Anschauungen eines der bedeutendsten Kenner der Geld- und Währungsfrage über diese Frage mittheilen.

Es ist dies kein geringerer als Lord Beaconsfield. Er berührte die Folgen, welche aus der 1873 bereits vorausgesagten Entwerthung des Silbers bei Gelegenheit seiner Einführung als Rektor der Universität von Glasgow am 19. November 1873. Er sagte damals bei dem Abendbankett:

„Ich schreibe die jetzige Geschäftslage hauptsächlich der großen monetären Störung zu, die Platz gegriffen hat, den großen Aenderungen, welche man in Europa mit dem Werthmesser vornimmt, insonderheit der Commission, welche in Paris zur Zeit der großen Ausstellung tagte. Der Zweck dieser Commission war die Etablirung einer Weltmünze, eine schöne Idee, die nicht viel schaden konnte, aber schwer zu erreichen war. Die Commission kam zu keinem bestimmten Vorschlage in dieser Hinsicht, aber sie empfahl, daß sich jede Regierung in Europa beeilen möchte, eine gleichartige Goldwährung einzuführen. Das war die größte Täuschung, der man sich hingeben konnte, anzunehmen, daß unser englisches commerciales Uebergewicht und unsere Prosperität von unserer Goldwährung abhängig seien. Wenn Länder, die viel Silber haben, versuchen, davon loszukommen, so müssen große Umwälzungen eintreten."

Natürlich spielte Lord Beaconsfield mit diesen Worten auf die deutsche Münzreform an, die seit 1871 im Gange war, aber erst 1874 die bimetallistischen Länder nöthigte, ihre Münzen für die feine Silberprägung zu schließen, und dadurch die Silberentwerthung herbeizuführen.

Eine merkwürdige Erklärung für die Noth der Produktivstände liefert der Professor Nasse, ein gemäßigter Anhänger der Goldpartei. Er führt in seinem Aufsatz „die Währungsfrage in Deutschland" aus: seit 10 Jahren hätten große Werthverschiebungen stattgefunden, die Lage der unteren Klassen habe sich gebessert, der Consum derselben habe erheblich zugenommen, und der Unternehmer verdiene deshalb weniger; er kommt zu dem kühnen Schluß:

„Deshalb müssen die Vermögenden sich ungünstigere Bedingungen bei der großen Theilung des Gesammtertrages zwischen Arbeit und Vermögen gefallen lassen."

Damit beweist der gelehrte Herr das Gegentheil von dem, was er beweisen will; wir haben uns nicht beschwert über zu geringen Unternehmergewinn, sondern direkt über niedrige Preise; wenn nun die Arbeiter mehr consumiren als früher, so müssen alle Preise steigen, die Preise sinken aber fortwährend. Die Ausführungen der Bimetallisten waren also nicht extrem genug. Uebrigens scheint Nasse mit dem vermehrten Consum der Arbeiter Recht zu haben, verschiedene Produkte, wie Fleisch, Butter, Schmalz 2c. sind in letzter Zeit nicht im Preise gesunken, weil bei dem vermehrten Consum eine zu geringe Einfuhr derselben stattfindet.

Urkomisch ist die Behauptung einiger Gelehrten, die Doppelwährung würde nur den Landwirthen nützen, die vorher Schuldverpflichtungen aufgenommen hätten, eine Idee, die ich auch schon früher in der Manchesterpresse fand. Abgesehen davon, daß doch die meisten Schuldverpflichtungen aus der Zeit der Silberwährung stammen, die betreffenden Producenten nur zu ihrem Rechte kommen, möchte ich doch die Frage aufwerfen, ob allein Hypotheken, Pächte, Maischsteuer u. dergl. feste Schuldverpflichtungen bilden, ich glaube, jede einmal ausgegebene Summe hat die Form der festen Schuldverpflichtung. Wenn ein Land= wirth ein Gut schuldenfrei kauft, so will er gewisse Re= venüen von seinem ausgegebenen Gelde genießen, die ihm durch die Goldwährung immer mehr geschmälert werden. Und ist es nicht auch eine feste Schuldverpflichtung, wenn ein Kaufmann ein Geschäft einrichtet und ein bestimmtes Capital dafür ausgiebt? Die schlechten Zeiten entziehen auch ihm den Verdienst, und es ist ihm unmöglich, das= jenige durch sein Capital zu erwerben, was ihm dasselbe von Rechts wegen schuldig ist.

Man sagt ferner: Steigen bei der Doppelwährung die Preise, so vermehrt sich die Produktion, und dann giebt es wieder einen Krach! Der Widerspruch liegt auf der Hand! Bei einem Steigen der Preise verdient Jeder= mann, und es wird bedeutend mehr consumirt als vorher, die Gefahr einer Ueberproduktion kann nur bei schlechten Zeiten eintreten.

In früheren besseren Jahren ist mir von Fachgenossen entgegengehalten worden, der Bimetallismus habe ja wenig Nutzen, weil man alles theurer bezahlen müsse. Obgleich ich nun glaube, daß die Herren heute alle ganz genau wissen, was besser ist, hohe oder niedrige Preise, will ich noch kurz hervorheben, weshalb die Landwirthschaft mehr leidet, als andere Zweige der Produktion.

1. Sind die Hauptausgabe feste Schuldverpflichtungen, als Zinsen, Grund=, Zucker=, Brennereisteuer und Pächte.

2. Sind die Tagelöhne stetige Werthe, die man nicht leicht ändern kann.

3. Kann die Landwirthschaft durch Produktionsein= schränkung keine Ersparnisse machen.

4. Sind ihre Einnahmen nach Engros=Preisen zu berechnen, die Ausgaben nach Detail=Preisen, und letztere sind nicht im selben Verhältniß gesunken. In nicht viel besserer Lage befindet sich die Industrie, abgesehen von einigen Spezialitäten, namentlich der Textilindustrie, die ihre Rohprodukte sehr billig kaufen, ist ihre Lage auch eine recht traurige. Besonders die Produktion der Rohprodukte wie Eisen, Kohle, Kupfer 2c. leidet beinahe noch mehr wie die Landwirthschaft. Aber jede dieser Branchen hat immer den Vortheil voraus, daß sie durch Produktionseinschrän= kungen ihre Verluste mindern können.

Erschreckend wirkt oft die angedrohte Gefahr einer

Silberüberschwemmung durch die kolossale Produktion Amerikas! Versuchen wir nun nach dem Goldmann Soetbeer das Silberbudget der bimetallistischen Zukunft aufzustellen. Die gesammte Silberproduktion der Welt beträgt jährlich 520 Millionen Mark, davon fällt auf

die Vereinigten Staaten	200 Millionen Mark	
Mexiko	133	" "
Südamerika (Bolivien, Chile, Peru)	91	" ".
Deutschland	42	" "
Andere Länder	54	" "

Die Vereinigten Staaten würden mit uns und der lateinischen Münzunion die Silberprägung frei geben, sie könnten dann kein Silber mehr als Produkt verkaufen, die dortigen Silberproducenten würden ihr Silber an den heimischen Münzstätten und Banken verwerthen. Ein Abfluß des Silbers nach Europa könnte nur geschehen, wenn die Wechselcourse ungünstig für Amerika stehn, dies würde stattfinden, wenn Amerika an Europa mehr Schulden (für Produkte und Zinsen amerikanischer Werthpapiere) zu zahlen hat, als Europa an Amerika. Diese Silbersendungen würden uns aber nie Gold entziehn, sondern die einfache Bezahlung europäischer Guthaben bilden, sie würden uns auch nicht mit Silber überschwemmen, da die Vereinigten Staaten in den letzten Jahren durch ihre landwirthschaftlichen Produkte viel Edelmetall von uns an sich gezogen haben, also überwiegend günstiger Wechselkurse haben. Es ist nicht anzunehmen, daß durch den internationalen Bimetallismus hierin eine Aenderung eintreten sollte.

Anders liegen die Verhältniße bei Mexico und Südamerika. Diese Länder der unterwerthigen Papiervaluta, die sich im ersten Stadium ihrer Entwickelung befinden, die durch Revolutionen und Kriege finanziell ruinirt und an Europa verschuldet sind, haben stets eine passive Zahlungsbilanz, sie sind genöthigt, ihr Silber als Produkt zu verkaufen. Es wandert größtentheils nach England um wieder zu Rimessen nach Indien benutzt zu werden, und England hat dadurch den Vortheil eines lebhaften Waarenexports nach Südamerika. Denn nicht deshalb senden Bolivien, Peru ꝛc. ihr Silber nach London, weil sie englische Waaren kaufen, sondern sie kaufen englische Waaren, weil London ihr Silbermarkt ist.

Der jährliche Silberbedarf Englands für Indien beträgt circa 150 Millionen Mark.

Die europäische Silberindustrie consumirt circa 70 Millionen Mark. Wir haben also

von 520 Millionen Mark in Abzug zu
bringen 200 " " jährl. Silberp. Nordamerikas
150 " " Silberbedarf von Indien
70 " " jährl. Bedarf d. Silberindustr.

Summa 420 " "

Da bleiben nicht mehr wie 100 Millionen Mark übrig für unsere europäische Münzstätten, eine wie kleine Summe gegenüber den kolossalen Ausprägungen in den Jahren vor der Silberentwerthung. Und dabei ist in Betracht zu ziehen, daß Oesterreich mit Hülfe des Bimetallismus versuchen könnte, seine Valuta wieder herzustellen, d. h. seine Papiergulden durch Silbergulden zu ersetzen.

Dr. Arendt stellt in seinem vortrefflichen Werk: die vertragsmäßige Doppelwährung eine ähnliche Betrachtung an, er wirft die Frage auf: „Während einer Reihe von Jahren hindurch und auch heute (1879) noch das Problem lautet wohin mit dem Silber? wird nur zu bald statt dessen die Frage kommen, woher mit dem Silber?" Er hofft, daß die zunehmende Verschuldung Indiens an England schließlich zu einer Umkehrung des jetzigen Verhältnißes führen werde, und daß die jetzt nach Indien gesandten Silbermassen wieder in die europäische Circulation zurückkehren werden. Mir scheint aber, daß beim Bimetallismus Indien gerade viel Silber an sich zieht, und zwar deshalb weil man in Europa bessere Preise für indische Produkte anlegen wird. Nein ich habe eine andere Hoffnung! Mit Begeisterung und Vertrauen hat das deutsche Volk die geniale Colonialpolitik unseres großen Kanzlers begrüßt, vielleicht sind es unsere Colonien, welche Europa einst mit Silber versorgen werden. Zu ganz besonderen Hoffnungen berechtigen in dieser Beziehung die deutschen Berge des Kilimandscharo und von Usagara in Ost-Afrika.

Aus diesen Darlegungen geht hervor, daß wenn die Befürchtungen einer Silberüberschwemmung eine bedauerliche Unkenntniß der Währungsfrage kund thun, wir Landwirthe auch keine zu großen Hoffnungen auf wieder einströmende weiße Metalle und vermehrte Thätigkeit unserer Münzstätten zu setzen haben. Für' uns ist die Hauptsache, daß die entwertheten Silbermünzen aller Länder ihren alten Werth wieder erhalten, und dadurch internationales Zahlungsmittel werden, und daß die Valuta-Differenzen zu den Silberländern aufgehoben werden. Komisch ist die Drohung der Goldpartei: Rückzahlung in Gold. Die Herren scheinen nicht zu wissen, daß kein Gerichtshof derartige Conventionen zu Gunsten des Goldgläubigers entscheiden würde, Conventionen können nur in deutscher Reichswährung abgeschloßen werden. Uebrigens kann man solche Conventionen ohne Gefahr eingehen, der Zweck des Bimetallismus ist eben den hohen Werth des Goldes zu beseitigen, dasselbe wird deshalb leichter aufzutreiben sein wie heute.

Aber noch eine andere Lehre ergiebt sich aus diesen Betrachtungen, nämlich das Frankreich und Nordamerika gar keine Veranlaßung haben, Deutschland irgend welche Concessionen bei einer gemeinsamen Währungsunion zu machen, da Deutschland selbst 40 Millionen Mark Silber producirt, und außerdem seine Münzreform die indirekte Ursache der Silberentwerthung war.

Jetzt muß die Initiative einer allgemeinen Münz-Konferenz von Deutschland ausgehen. Wir wollen hoffen, daß man sich mit den schon früher gewährten Concessionen Englands: Aufrechterhaltung der freien Silberprägung in Indien und ¹⁄₅ Silber als Deckung für Banknoten in England begnügen und in Deutschland gemeinsam mit den Ländern der Doppelwährung in Europa und den Vereinigten Staaten die Silberprägung zum Course von 1 : 15½ freigeben wird. Wir würden zunächst die Thaler-prägung freigeben, von den Scheidemünzen (10 pCt. unter-werthig) die 5- und 2-Markstücke einziehen und in voll-werthige 2-Markstücke umprägen. Dann könnte die Prä-gung der 2-Markstücke ebenfalls freigegeben werden. Ame-rika könnte die Dollarprägung erst freigeben, nachdem es seine zum Course von 1 : 16 geprägten Silberdollars umgeprägt hat. Vertragsmäßige Uebergangsbestimmungen wären zu treffen, außerdem könnte sofort den Staatsbanken die Verpflichtung auferlegt werden, Silberbarren und fremde Münzen zu Preisen als Zahlung anzunehmen, welche dem Course von 1 : 15½ entsprechen.

Gegen limitirte Silberprägung muß ich mich ganz entschieden aussprechen, voraussichtlich würde sich auch Skandinavien uns anschließen, wenn Deutschland die Silberprägung freigebe.

Tendenziös wird von der Goldparthei auf die Schwierig-keit aufmerksam gemacht, welche einem Währungsvertrage ent-gegenstehe. Aber um einen wirklichen Vertrag auf eine bestimmte Dauer handelt es sich hier garnicht. Die internationale vertrags-mäßige Doppelwährung ist durchaus identisch mit der isolirten Doppelwährung, aber die Einführung derselben geschieht von mehreren Ländern gemeinsam und zu demselben Verhältniß von Silber und Gold, es handelt sich also nur um eine Vereinbarung zu einer gemeinsamen Handlung. Was Staaten später für einen Grund haben sollten, von der Doppel= währung abzugehn, ist nicht einzusehn. Der finanzielle Verfall eines Landes in die unterwerthige Papiervaluta oder ein Krieg würden an dem Verhältniß von Silber und Gold auch nichts ändern.

M. H., wir haben uns bisher beinahe nur mit Europa beschäftigt, ich kann nicht schließen, ohne die Währungs= verhältnisse der Vereinigten Staaten zu berühren. Dieselben hatten 1873 auch die reine Goldwährung eingeführt, waren aber bereits 1878 durch die sogenannte „Blandbill" zu einer partiellen Doppelwährung übergegangen, dies Gesetz bestimmt, daß jährlich die limitirte Summe von 25 Mil= lionen Dollar Silber (100 Mill Mark) ausgeprägt wird. Sein Inkrafttreten trug bei zu dem kurzen vorübergehenden Aufschwung 1879/80; es ist heute noch in Kraft. Der Wunsch der amerikanischen Bimetallisten ist aber, daß dies Gesetz auf= gehoben werden möge, um eine große Krisis hervorzu= bringen, die mit zwingender Nothwendigkeit die Welt zum Bimetallismus bekehren würde. Die jetzige demokratische Regierung in den Vereinigten Staaten ist durch und durch bimetallistisch, der Präsident Cleveland ließ im Sommer sämmtlichen Regierungen Europas mittheilen: die Ver= einigten Staaten würden die Silberprägung freigeben, wenn einige Länder Europas dies auch thäten, und sie sich vorher über einen Cours geeinigt hätten. Dies scheint vorläufig ohne Erfolg geblieben zu sein, denn er läßt augenblicklich dem Congreß die Suspension der Blandbill vorlegen, deren Annahme zur Folge haben wird, daß jähr= lich 100 Millionen Mark mehr Silber auf den Weltmarkt kommen. Die Silberentwerthung wird rapide zunehmen, folgt dann Panik auf Panik, so wird die Silberfrage in London gelöst. In diesem Sinne müßte schließlich bei der Indifferenz der europäischen Regierungen die Lösung der Währungsfrage erfolgen.*)

---

*) Die Berliner Börsen=Zeitung schreibt:
— Mit Spannung sieht die finanzielle Welt auf Washington, wo die Silberfrage immer mehr der Entscheidung entgegengeführt wird. Dem Antrag der Regierung, die Silberprägungen zu suspendiren, hat die Silberpartei den Gegenantrag entgegengestellt, die Silberprägungen unbeschränkt frei zu geben. Eine praktische Bedeutung hat dieser An= trag nicht, denn daß derselbe die zur Ueberstimmung des sicher zu er= wartenden Vetos des Präsidenten erforderliche Zweidrittelmehrheit des Congresses erlangt, ist ausgeschlossen. Wir möchten indessen unsere Ansicht dahin aussprechen, daß der Antrag der Silberpartei nicht ohne sachliche Begründung ist. Die Position der Vereinigten Staaten ist thatsächlich eine so starke, daß dieselben sehr wohl im Stande sind, allein die Silberprägungen wieder aufzunehmen. Wenn die Ameri=

Aber, m. H., wir sind in erster Reihe Landwirthe und Producenten, die Krisis hat sich so verschlimmert, daß wir keine Panik mehr ertragen können, sondern wir müssen dahin wirken, daß die Doppelwährung durch internationale Vereinbarungen sobald als möglich eingeführt wird, ohne daß vorher die Blandbill aufgehoben wird. In diesem Sinne werde ich Ihnen eine Resolution an den Herrn Reichskanzler und den Reichstag vorschlagen.

Wir müssen in unseren Bestrebungen um so einiger sein, als der Abgeordnete Bamberger vor kurzem einen Aufsatz in der „Nation" veröffentlicht hat, dessen Schluß= passus ich wörtlich wiedergebe:

„Hätten wir mit dem Ueberschuß der Thaler in diesen sechs Jahren aufgeräumt, so wären wir in der Vorwärts= bewegung nach der Goldwährung, in die jetzt alle west= lichen Nationen eintreten, ganz an der Spitze und könnten vom sicheren Ufer aus die Anstrengungen der übrigen mit an= sehen. Auch jetzt noch wird es bei einiger Umsicht ohne zu große Gefahren und Opfer ablaufen. Aber andere Staaten, die ursprünglich darin weit hinter uns zurück= geblieben waren, werden es leichter haben und uns voraus sein, namentlich die Schweiz, welche sich im Stillen von langer Hand weise auf den Uebergang zur Goldwährung vorbereitet hatte und dank der Liquidationsklausel, wenn sie jetzt in den lateinischen Münzvertrag eingerückt wird, nach Ablauf derselben gegen die bei ihr einlaufenden Silber= stücke von ihren Verbündeten Gold einzustreichen hat. Auch

---

tanische Regierung sich nur vorher die Zusicherung der Europäischen Staaten verschafft, daß keiner derselben Silberverkäufe vornehmen läßt, so würde Amerika mit Leichtigkeit beinahe allein die Silberent= werthung aus der Welt schaffen können. Handelt es sich doch um die Beseitigung einer künstlich geschaffenen Silberentwerthung, nicht, wie die Goldpartei es darstellt, um eine künstliche Werterhöhung des Silbers. Vor unseren Augen sinkt täglich der Silberpreis. Warum? Wird mehr Silber producirt? Wird weniger konsumirt? Nichts da= von wurde bekannt, nur die Ankündigung der Suspension der Bland= bill hat hingereicht, um den Silberpreis herabzudrücken. Ist das eine künstliche oder eine natürliche Entwerthung, und warum soll der Silberpreis nicht ebenso steigen, wenn statt der Suspension die Frei= gabe der Silberprägungen in Aussicht steht? Ein Sieg der extremen Silberpartei in Washington würde übrigens für Europa noch bedenk= licher sein als die Suspension der Blandbill. Erhält Amerika eine Silbervaluta, so hört unser Export dorthin auf, während die Ameri= kanische Produktion uns überschwemmt. Dies zu erreichen ist die be= wußte Absicht der Amerikanischen Silberpartei, der wir durch unser Festhalten an der Goldwährung in die Hände arbeiten. Richard Bland, der Deputirte, nach dem die bekannte Bill heißt, erklärte im letzten Congreß Folgendes: „Wenn ich den Herrn Vorredner — näm= lich Mr. Kelly — recht verstehe, so meint er, daß wir die Cooperation fremder Staaten gewinnen können, wenn wir die Silberprägungen ein=

Italien hat seit der Aufnahme seiner Baarzahlungen sich das Silber möglichst vom Halse gehalten, und sollte Belgien vor den anderen aus der Union austreten, so wird es — wenn auch mit den Opfern, welche die Nachwehen seines korrekten Verhaltens in einer auf Trug basirten bimetallistischen Union wären — die Zwischenzeit benützen, um einen Theil seines Silbers los zu werden. Frankreich wird es am schwersten haben, seine großen Silbermassen allmählich abzustoßen, aber sein großer Goldvorrath wird ihm helfen, sich über den Wassern zu halten. Wir Deutsche werden schließlich aus den ersten die letzten geworden sein. Das ist ein Stück vom Segen jener wirthschaftlichen Weisheit, deren Sonne im Jahre der Gnade 1879 am Himmel der geeinigten Nation heraufgestiegen ist!"

Ueber dies Projekt Bambergers sagt einer der hervorragendsten Kenner der Währungsfrage, Herr Henry Hucks Gibbs, Direktor der Bank von England: „Wir haben Alle gesehen, was die Folge der Demonetisirung des Silbers durch Deutschland und die daraus folgende Absorbirung von Gold durch jene Nation gewesen ist, Preise in Gold gemessen, sind bedeutend gesunken, wo nicht andere Umstände zusammengetroffen sind, um sie zu erhalten. Was wird geschehen, wenn Frankreich, die lateinische Union und die Vereinigten Staaten gedrängt würden, das Gleiche zu thun? Das daraus plötzliche Sinken der Preise wird nicht vierfach, sondern es wird vierzigfach sein, und die Gefahr für unseren Handel wird unberechenbar sein. Das einzige wirkliche dauernde Rettungsmittel würde demnach Englands Anschluß an das Prinzip der Doppelwährung sein, wie es in diesen Blättern auseinandergesetzt ist *) —

stellen. Herr Präsident, unser Land kann für sich selbst sorgen. Es liegt gar nicht in unserem Interesse, uns in der Silberfrage mit Deutschland und England zu verbinden. Ich behaupte, in demselben Maße, als diese Länder das Silber vertreiben, vertreiben sie auch ihre Bevölkerung. In demselben Maße umgekehrt, wie wir Silber remonetisiren, ziehen wir die Bevölkerung jener Länder zu uns herüber. Woher kommt denn die starke Einwanderung? Lediglich von den Ländern, die Silber demonetisirt und dadurch ihre Bevölkerung dem Verderben preisgegeben haben, und wir können ruhig dem zusehen. Laßt sie nur hierher kommen in das freie Land, in dem Silber Geld ist. Unser Interesse ist allein, unlimitirte freie Silberausprägung zu gestatten, und das verarmte Volk Europas dadurch einzuladen, hierher zu kommen, um sich der Rechte einer freien Verfassung und der Wohlthaten freier Gold= und Silberausprägung zu erfreuen, und das wird uns eine so starke Bevölkerung verschaffen, daß dieselbe das ausgestoßene Silber von ganz Europa noch mit absorbiren kann.

*) Gibbs, die Doppelwährung S. 63, 64. Heft 10 der Vereinsschriften.

Ich meine das ist eine deutliche Antwort; Sie sehen was wir von der Goldpartei zu erwarten haben. Ich glaube übrigens nicht, daß England die unbeschränkte Doppelwährung mitmacht, für uns halte ich es sogar für einen Vortheil, wenn England bei der Goldwährung bleibt und wir mit den Vereinigten Staaten und der lateinischen Münzunion die Silberwährung freigeben.

Die Behauptung, der Bimetallismus ohne England bedeute die Wiederkehr der Silberwährung, Verlust der Gold-Circulation, ist Unsinn. An die Stelle dieser Schreckensphrase setze man bestimmte Begriffe. Wohin soll das Gold exportirt werden und woher das Silber kommen? Es ist komisch zu sehen, wie die Anhänger der Goldwährung der einzelnen Länder sich hierbei selbst widerlegen: Bei uns bewirkt der Bimetallismus, daß wir unser Gold gegen französisches und amerikanisches Silber verlieren; in Frankreich fürchtet man sich vor dem deutschen, in Belgien vor dem holländischen Silber; und in Amerika erklärt man, der Bimetallismus werde Silber statt Gold über den Ocean führen und diene nur dazu, die Silberlast Frankreichs und Deutschlands zu erleichtern.

Wer wird denn Silber von einem Land zum anderen senden, um Gold dafür zu holen, wenn man überall für 15½ Pfd. Silber 1 Pfd. Gold erhält? Derartige Geschäfte wären doch nur mit Verlust verbunden.

Und wo soll das Gold bleiben, wenn es alle Länder verlieren? Man vergißt, das Silber nur darum jetzt Geld zweiter Klasse ist, weil es durch Gesetz discreditirt ist.

Die Goldpartei wendet ein, unser auswärtiger Handel würde der englischen Vermittelung bedürfen. und der durch die Goldwährung erzeugte Hauptvortheil für uns verloren gehen, aber sie verwechseln einfach die Begriffe Goldwährung und Reichthum; nicht deshalb ist der englische Wechsel so gesucht auf dem Weltmarkt, weil England Goldwährung hat, sondern weil der immense Reichthum der englischen Banken und Bankiers, die Geldanlage in englischen Wechseln als ganz besonders sicher erscheinen läßt. Macht England die Doppelwährung mit, so bleibt dies Verhältniß dasselbe, bleibt es bei der Goldwährung, so wird der Silbermarkt von London nach Deutschland und Frankreich gehen, Länder wie Mexiko und Bolivien, die ihr Silber als Produkt nach England verkaufen, beziehen deshalb jetzt englische Waaren, später werden sie deutsche und französische Waaren beziehen, denn der deutsche und französische Bimetallismus werden feste Preise für Silber gewähren. Wo soll England aber Silber für Indien herbekommen, das Land, dessen Zahlungsbilanz seit Jahrtausenden günstig ist, welches immer Silber an sich zieht? Von Nordamerika? Nein! die Vereinigten Staaten haben größtentheils eine aktive Zahlungsbilanz, sie können Edelmetall nur abgeben wenn die Wechselcourse ungünstig für Amerika stehen, wenn es sich lohnt, Edelmetalle zu exportiren. Wie soll England nun Zahlungen nach Indien leisten? Gold würde Indien in größeren Quantitäten nicht aufnehmen. Also muß England den Silberpreis in London dauernd so hoch notiren, daß es sich stets lohnt, Silber nach London zu senden und daß es sich besser bezahlt macht in Silber als in Gold zu arbitriren. Darum haben die Bimetallisten stets betont, daß in der bimetallistischen Zukunft mit oder ohne England das Silber das gesuchteste Zahlungsmittel auf dem Weltmarkt sein müsse. Und deshalb sind sie der Ansicht, daß gerade der internationale Bimetallismus ohne England, Deutschland im commerciellen Wettkampf be= günstigen müsse.

Eine merkwürdige Klage hören wir überall, seit der Silberentwerthung erschallen, nämlich, daß es mit den Finanzen rückwärtsgeht, bei uns ebenso wie in Frankreich, wie in England. Ist dies aber nicht ganz natürlich? Muß die Verarmung des Volkes nicht zum Ruin der Finanzen führen und können letztere überhaupt auf etwas anderem basiren, als auf der Prosperität der producirenden Klassen. Die Goldpartei behauptet zwar „durch die Gold= währung haben wir mit unsern Consols den englischen Markt gewonnen." Dabei wird aber seit langer Zeit die österreichische Silberrente im Londoner Courszettel notirt! Ueber den Zusammenhang der Währungsfrage mit den Finanzen könnte man wohl eben einen so langen Vortrag halten, wie über den Zusammenhang mit der wirthschaft= lichen Krisis, ich will nur einige Punkte andeuten.

Zunächst die Verstaatlichung der Eisenbahnen. Sie ergiebt jetzt schon trotz der wirthschaftlichen Depression gute Resultate. Wie ganz anders werden sich aber dieselben zu einer Zeit des wirthschaftlichen Aufschwungs gestalten. Vergleichen Sie M. H. die Dividenden in Zeiten des wirthschaftlichen Aufschwungs mit den in schlechten Jahren und Sie werden dann zu einer gerechten Würdigung der Wichtigkeit der Doppelwährung für unsere Finanzen ge= langen, und auch für unsere Zollpolitik. Letztere wird in finanzieller Beziehung erst dann recht zur Geltung kommen, wenn die Kaufkraft des ganzen arbeitenden Volkes gestärkt

wird, wenn unſere Induſtrie erſt durch Beſeitiguug der
Valutadifferenzen zu den Silber= und Papierländern
wieder mit Vortheil exportiren kann, wird ſie ganz andere
Mengen ausländiſcher zu verzollender Rohprodukte ver=
brauchen, auch der Conſum der Arbeiter wird ſich ſteigern;
und es wird nöthig ſein, ganz andere Quantitäten landwirth=
ſchaftlicher Produkte, namentlich Viehprodukte einzuführen.
Auch die direkte Steuerkraft des Volkes wird zunehmen mit der
Vermehrung der Zahlungsmittel, ich glaube hier liegt ein
ſo natürlicher Zuſammenhang vor, daß ich keine Worte
darüber zu verlieren brauche, ebenſo wenig über die Do=
mainen und Staatsforſten.

M. H. Als Spitze meiner Ausführungen lege ich
Ihnen folgende Reſolutionen vor und bitte ich dieſelben
einſtimmig anzunehmen. Ich bitte ferner die Herren Dele=
girten der landwirthſchaftlichen Vereine dafür zu ſorgen,
daß die Petitionen, welche den Vereinen, vom Ausſchuß
des landwirthſchaftlichen Congreſſes zu gegangen ſind, all=
gemein angenommen werden. Wir müſſen das deutſche
Vaterland immer und immer wieder auf die Währungsfrage
hinweiſen, bis wir die Wiederherſtellung des Silberwerths
erreicht haben.

1) Durchlauchtigſter Fürſt und Herr
Hochgebietender Herr Reichskanzler!
Der unterzeichnete Vorſtand richtet an Ew. Durchlaucht die
gehorſamſte Bitte:

Ew. Durchlaucht wolle:
In Anbetracht, daß die auf allen Gebieten der Landwirth=
ſchaft und Induſtrie laſtende Kriſis ſich durch ein weiteres Sinken
der Preiſe ſeit Jahresfriſt verſchlimmert hat,
In Anbetracht, daß der hauptſächlichſte Grund für das
Sinken der Preiſe in der Silberentwerthung und der dadurch
herbeigeführten Geldvertheuerung zu ſuchen iſt,
In Anbetracht, daß die geplante Aufhebung der Blandbill
in den Vereinigten Staaten eine weitere Silberentwerthung und
damit einen ſtärkeren Niedergang aller Preiſe, vorzüglich der
Rohprodukte herbeiführen würde,
Die Wiederherſtellung des Silberwerthes durch ſchleunige
Einführung der internationalen vertragsmäßigen Doppelwährung
herbeiführen, oder, wenn dies augenblicklich nicht möglich, doch
ſuchen, durch internationale Vereinbarungen einer Aufhebung der
Blandbill vorzubeugen.

2) Der unterzeichnete Vorſtand richtet an den hohen Reichstag
das dringende Erſuchen:

Ein hoher Reichstag wolle:
In Anbetracht, daß die auf allen Gebieten der Landwirth=
ſchaft und Induſtrie laſtende Kriſis ſich durch ein weiteres Sinken
der Preiſe ſeit Jahresfriſt verſchlimmert hat,

In Anbetracht, daß der hauptsächlichste Grund für das Sinken der Preise in der Silberentwerthung und der dadurch herbeigeführten Geldvertheuerung zu suchen ist,

In Anbetracht, daß die geplante Aufhebung der Blandbill in den Vereinigten Staaten eine stärkere Silberentwerthung und damit einen stärkeren Niedergang aller Preise herbeiführen werde, und daß derselben nur durch eine internationale Wiederherstellung des Silberwerthes vorzubeugen ist:

Auf das Zustandekommen der vertragsmäßigen Doppelwährung hinwirken.

Ich möchte nun in einem kurzen Resumé die verschiedenen Vortheile zusammenfassen, welche uns die Restitution des Silbers gewähren wird:

1. Die Silber-Produktion käme den Culturvölkern wieder zu Gute, nachdem sie künstlich seit 1874 durch die Suspension der Silberprägung in den verschiedenen Ländern abgesperrt ist.

2. Silber wird wieder internationales Zahlungsmittel, d. h. alle die Milliarden Silber-Francs, -Thaler, -Pesetas 2c. die, augenblicklich entwerthet, nur dem Verkehr im eigenen Lande dienen können, werden wieder verwendbar für Ausgleichung internationaler Schuldverpflichtungen und der Goldmangel würde damit aufhören.

3. Der Goldmangel würde aufhören, damit fallen die unaufhörlichen Discontoveränderungen fort, welche die Stellung der Wechselcourse alle Augenblicke beeinflußen, und dadurch den internationalen Verkehr schädigen.

4. Die Valuta-Differenzen zu den Silberländern Ostasiens fallen fort, die Concurrenz indischen Weizens ist dann nicht mehr zu fürchten.

5. Den Staaten Südamerikas, welche, wie Rußland, mehr oder weniger unter dem Zwangscours leiden, würde ebenfalls die Möglichkeit offen stehen, ihre Valuta nach und nach herstellen oder wenigstens heben zu können, ein lohnender industrieller Export dorthin und nach Ostasien würde namentlich auch unseren Wollpreisen zu Gute kommen.

6. Der österreichische Gulden wird wieder 2 Mark gelten, dies würde unsere Concurrenz in Spiritus und Zucker auf dem auswärtigen Markt erleichtern, auch müßten wir höhere Preise anlegen, um ungarisches Getreide zu kaufen.

7. Die Schwankungen der Wechselcourse zwischen den Silberländern der Tropen und Ostasiens einerseits und den Culturvölkern Europas und Nordamerikas

andererseits, hören auf, der Handel wird außer=
ordentlich sicher werden und dies wird auch unseren
Preisen zu Gute kommen.

8. Es wird bei steigenden Preisconjuncturen möglich
sein, vortheilhafte Handelsverträge zu schließen,
u. a. auch mit bezüglich unseres Spiritusexports
dorthin, denn die Unmöglichkeit seit der Zoll=
erhöhung 1881, Spiritus nach Frankreich zu expor=
tiren, ist die Hauptursache unserer niedrigen Preise.

9. Die Landwirthschaft wird industrielle Produkte
theurer bezahlen müssen, durch den vermehrten
Consum der Industrie erhält sie aber höhere
Preise für ihre Produkte, vor allem für Vieh=
produkte, der erwähnte Nachtheil würde doppelt
ausgeglichen.

10. Die Schiffsfrachten werden durch den aufblühenden
Welthandel theurer werden und die landwirth=
schaftliche Concurrenz wird erleichtert werden

M. H. Ein jeder dieser Faktoren wird uns bessere
Preise gewähren, wir erhalten dadurch eine Entschädigung
für die letzten schlechten Jahre und einen Ersatz für die ver=
lorene Mühe, für die verlorene Arbeit. (Lebhafter Beifall.)

Die Petitionen werden mit großer Majorität an=
genommen.

Anhang.

Auszug aus der Broschüre des Geheimrath Schraut „Die Lehre von den auswärtigen Wechselkursen“.

Die Zahlungsverbindlichkeiten (Schulden und Forderungen)
werden im internationalen Verkehr in erster Linie im Wege
des Wechselverkehrs ausgeglichen, indem als Zahlungsmittel der
Wechselbrief dient.

Bei der Untersuchung der Eigenschaften und Bedingungen
des Wechselbriefes als internationales Zahlungsmittel ist davon
auszugehen, daß der eigentliche Gegenstand dieses Wechsels der
Austausch der Geldsumme eines Landes gegen eine gleichwerthige
Geldsumme eines andern Landes ist. Der Wechselbrief dient
zur Ausgleichung der gegenseitigen Forderungen und Schulden
zweier Länder.

Wenn zu einem gegebenen Zeitpunkt die gegenseitigen
Schulden und Forderungen gleich sind, so wird der Preis der
Wechsel (Wechselkurs) den Preiswerth der Wechsel entsprechend,
d. h. dem reinen Edelmetallgehalt der beiderseitigen Courrent=
münzen (bei Ländern mit Metallwährung); dies wird indessen
nur ausnahmsweise der Fall sein. Die außerordentliche Viel=
gestaltigkeit und Beweglichkeit der Verkehrs= und Handelsbe=

ziehungen zweier Länder bringt es vielmehr mit sich, daß für ein Land bald die Forderungen, bald die Schulden überwiegen werden.

Deutschland hat z. B. in England für einen bestimmten Verein größere Verbindlichkeiten einzulösen, während andererseits zu diesem Zeitpunkt nur eine geringe Zahl von Forderungen auf deutscher Seite vorhanden ist. In diesem Falle wird seitens derjenigen, welche in England zu zahlen haben, eine lebhafte Nachfrage nach den wenigen auf englische Plätze lautenden Forderungen bestehen und die Interessenten werden gern bereit sein, für die Wechsel, die sie suchen, mehr als den Preiswerth zu geben, da sie sonst Baargeld nach England senden müßten, was ihnen Mühe, Verpackungs, Versicherungs und Transportkosten, Zinsenverlust und sonstige Unkosten verursachen würde. Es wird also in Deutschland das nachgesuchte Pfund Sterling über den Parikours steigen, und der Wechselkurs wird für Deutschland ungünstig sein.

Im entgegengesetzten Falle wird der deutsche Marktwechsel in London über den Pariwerth steigen, dagegen das weniger gefragte englische Pfund Sterling in Berlin unter das Pari von 20,43 Mark fallen und der Wechselkours wird für Deutschland günstig sein.

Die Grenze für die Schwankungen des Wechselkurses entsteht, wenn derselbe sich von dem Pariwerth um den Betrag entfernt, welcher den Kostenaufwand erreicht oder übersteigt, der durch die Versendung von baarem Geld entsteht. Was die Geldversendungskosten anbetrifft, so gestaltet sich selbstverständlich der Aufwand geringer, wenn die Betheiligten die Operationen selber vollziehen und dadurch Provision sparen.

Im Verkehr zwischen Deutschland und England werden die fraglichen Ausgaben im Allgemeinen derart veranschlagt, daß es bei einem Berliner Kurse von 20,52 Mark für Londoner Wechsel rentabler ist, in Gold nach London zu zahlen, statt einen Wechsel auf London zu kaufen, während bei einem Kurse von 20,32 Mark der deutsche Besitzer einer Forderung auf London sich durch Bezug von Gold aus England und dessen Verwerthung in Berlin besser stellt, als durch Begebung seiner Forderung im Wege des Wechsels.

Trotz des Wechselverkehrs ist aber nach Soetbeers Tabellen der Edelmetallverkehr zwischen den verschiedenen Ländern ein ganz bedeutender. Der Austausch von Schulden und Guthaben, welcher mittelst des Wechselbriefs die Geldsendungen von Land zu Land ersetzt, geschieht durch die Vermittelung der Bankinstitute, welche sich damit befassen, Wechsel von solchen welche Forderungen an fremden Plätzen haben, zu kaufen, um sie an diejenigen zu verkaufen, welche an jenen Orten Zahlungen zu machen haben.

Druck von Thormann & Goetsch, Berlin SW., Bessel-Str. 17.